Auf die Menschen kommt es an

In 6 Schritten
zu neuem Selbstbewusstsein
und einer echten lokalen Marke
als Versicherungsvermittler

Auf die Menschen kommt es an

In 6 Schritten zu neuem Selbstbewusstsein und einer echten lokalen Marke als Versicherungsvermittler

Jürgen Ruckdeschel, Hans-Gerd Coenen und Peggy Kaas

Kreutzfeldt digital

ISBN 978-3-86623-596-0
© 2018 Kreutzfeldt digital, Hamburg
Alle Rechte vorbehalten.

Fotos:
Yannis Koschel (Green Studio)
und Blende 11 Fotografen

Konzept und Design:
Stella Marisa Kaas (PS:KAAS)

Printed in Germany

Dieses Werk und seine Teile sind urheberrechtlich geschützt. Kein Teil dieses Werkes darf – auch nicht auszugsweise – in irgendeiner Form oder durch irgendein Verfahren genutzt, reproduziert oder durch Verwendung elektronischer Systeme gespeichert, vervielfältigt, übersetzt oder in irgendeiner Form verbreitet werden. Jede Verwertung in den genannten oder in anderen als den gesetzlich zugelassenen Fällen bedarf deshalb der vorhergehenden schriftlichen Einwilligung des Verlags.

Es wird darauf hingewiesen, dass alle Angaben trotz sorgfältiger Bearbeitung ohne Gewähr erfolgen. Eine Haftung der Autoren oder des Verlags ist ausgeschlossen.

Besuchen Sie uns im Internet:
www.kreutzfeldt-digital.de

Wegen stilistischer Klarheit und leichterer Lesbarkeit wurde im Text auf die sprachliche Verwendung jeweils beider Geschlechtsformen verzichtet: Die Verwendung der männlichen Form zum Beispiel bei „Mitarbeiter" oder der weiblichen Form bei „Führungskraft" gilt inhaltlich jeweils gleichermaßen für Frauen und Männer.

INHALTSVERZEICHNIS

ALLES AUF EINEN BLICK

INHALTSVERZEICHNIS

KURZ VORWEG - VORWORTE ... 8

EINLEITUNG: AUF DIE MENSCHEN KOMMT ES AN ... 12

I. WAS HAT DIE WELT DAVON, DASS ES UNS VERMITTLER GIBT? ... 16

    YVES HAAS ... 18

    CARMEN MARTIN ... 22

    JERON OHNMACHT ... 26

    SCHIRIN OERTEL ... 30

    MICHAEL KOLBERG ... 34

II. VERSICHERUNGSVERMITTLER: JOB ODER BERUFUNG? ... 40

III. QUO VADIS DEUTSCHE VERSICHERUNGSLANDSCHAFT? ... 46

IV. DIGITALISIERUNG: ES KOMMT AUF DIE PERSÖNLICHKEIT AN! ... 50

V. DIE 10 TUGENDEN DES KAUFMANNS ... 52

VI. BEGINNEN SIE MIT DER ENTDECKUNGSREISE ... 56

    SCHRITT 1: STÄRKEN UND TALENTE ... 58

    SCHRITT 2: KUNDENNUTZEN ... 66

    SCHRITT 3: WERTE ... 74

    SCHRITT 4: KOMMUNIKATION ... 82

    SCHRITT 5: AUF DEN PUNKT GEBRACHT ... 86

    SCHRITT 6: VISION ... 94

VII. WIE GEHT ES WEITER? ... 100

VIII. MARKENSYMBIOSE ZWISCHEN VERMITTLER UND VERSICHERER ... 102

IX. NACHWORT ... 108

X. DIE AUTOREN ... 112

SCHLUSSWORT ... 116

KURZ VORWEG

Nachdem die Bitte um ein Vorwort an mich herangetragen wurde und ich mich kurz mit den geplanten Inhalten des Buches befasst hatte, war mein spontaner Eindruck:

WOW, WAS FÜR EINE BRILLANTE IDEE.

Eine brillante Idee deshalb, weil auch ich in den vergangenen Jahren immer wieder feststellen musste, dass unser Berufsstand und die wichtige Arbeit unserer Vermittler viel zu wenig Würdigung erfahren. Und dies in einer der Branchen, deren volkswirtschaftliche Bedeutung einen sehr hohen Stellenwert hat.

Bei nahezu 23 Millionen regulierten Versicherungsschäden im Jahr, das sind bei 250 Arbeitstagen auf den Tag runtergebrochen über 90.000 bearbeitete Schadensfälle mit Milliarden Euro an Versicherungsleistungen im Jahr, stellt sich die zusätzliche Frage: Welches Chaos würde herrschen, wenn es nicht eine geordnete Regulierungspraxis gäbe, die oftmals auch direkt vor Ort von unseren in der Regel gut aus- und weitergebildeten Versicherungsexperten zumeist zur Zufriedenheit unserer Geschädigten ausgeübt wird?

Mit über 500.000 selbständigen Vermittlern oder direkt Beschäftigen im Innen- und Außendienst ist die deutsche Versicherungswirtschaft ein sehr bedeutender Arbeitgeber. Zusätzlich sind noch einige 100.000 Menschen indirekt von der Branche abhängig beschäftigt. So kann mit Fug und Recht die Behauptung aufgestellt werden, dass unsere Branche nicht nur als Arbeitgeber, sondern mit ihren hier tätigen Menschen auch als Steuerzahler einen wichtigen Beitrag für den Staatshaushalt leistet. Allein die mit jeder Beitragsfälligkeit zugunsten des Staatshaushaltes abzuführende

Versicherungssteuer macht im Jahr über 12 Milliarden Euro aus. Dies sind immerhin über 4 Prozent der Steuereinnahmen des Bundes.

Eine brilliante Idee ist dieses Buch aber auch deshalb, weil der Inhalt unsere Vermittler aber auch die Führungskräfte in ihrem Selbstwertgefühl nicht nur unterstützen, sondern diese auch in ihrer wichtigen täglichen Arbeit bestärken will.

Auch unser Führungskräfteverband der deutschen Assekuranz – dem ich seit zehn Jahren als Präsident im Ehrenamt dienlich sein darf – setzt sich seit seiner Gründung vor über 140 Jahren für die Belange der Branche, der Führungskräfte und damit verbunden auch für die Belange der Vermittler ein. Unsere durch unser Präsidium vertretenen Repräsentanten, aber auch viele unserer Mitglieder sind seit Jahrzehnten in allen wichtigen Gremien der Versicherungswirtschaft tätig, teilweise haben wir diese Gremien mitbegründet. Ob es um die Mitarbeit in verschiedenen Arbeitskreisen beim GDV, beim BWV, in der AVAD und in anderen der Branche nahestehenden Organisationen geht oder ob es sich darum handelt, die Flagge für unsere Vermittler und Führungskräfte hochzuhalten, wir sind stets am Puls der Zeit.

Deshalb ist es mehr als erfreulich, dass mit der Veröffentlichung dieses Ratgebers einige seit Jahrzehnten erfolgreich tätige Vertriebs- und Führungspersönlichkeiten unseren Vermittlern die für ein gesundes Selbstbewusstsein so wichtige Bestätigung für ihre täglich ausgeübte gute Arbeit geben.

Allen, die an diesem Ratgeber mitgewirkt haben, insbesondere den Initiatoren und Autoren Frau Kaas, Herrn Coenen und Herrn Ruckdeschel, gebührt mein größter Respekt aber auch Dank. Respekt und Dank in erster Linie deshalb, weil mit den Inhalten dieses Buches eine Lanze für unsere Vermittler und Führungskräfte gebrochen wird.

Es wird verdeutlicht, dass es hier um Menschen geht, die oftmals ihren Beruf als Berufung ansehen. Qualifizierte Fachleute, die diesen schönen Beruf teilweise in der zweiten oder sogar dritten Generation sehr erfolgreich ausüben. Menschen, die in einem Familienbetrieb mit großer Tradition, oftmals auch generationsübergreifend, für ein Unternehmen tätig sind. Menschen, die ihre anvertrauten Kunden nicht nur als „Mittel zum Zweck" und nicht nur zur Mehrung des eigenen Wohlstandes sehen, sondern die diese Menschen teilweise ein Leben lang – auch generationsübergreifend – in allen vorhandenen Höhen und Tiefen auf ihrem Lebensweg begleiten.

Ich bin mir ganz sicher, dass bei vielen Vermittlern und Führungskräften nach dieser Lektüre mit den vielen praxisbezogenen Inhalten eine zusätzliche Bestätigung eintritt, die richtige Berufswahl getroffen zu haben. Sie haben sich für einen Beruf entschieden, dessen Ausübung ich mir auch nach fast vier Jahrzehnten der Tätigkeit in einem Unternehmen in unterschiedlichen Funktionen und nach vielen Jahren ehrenamtlicher Arbeit in der Branche bei der damaligen Berufswahl nicht schöner hätte vorstellen können.

Es bleibt zu hoffen und zu wünschen, dass viele unserer Vermittler – und hier spreche ich auch unsere Assekuranzführungskräfte an – rückblickend auf das eigene Berufsleben und den eingeschlagenen Weg zufrieden mit sich und dem Erreichten sind.

Und wenn Ihnen, liebe Kolleginnen und Kollegen, die Lektüre dieses Buches eine Bestätigung der getroffenen Berufswahl ist und Ihnen möglicherweise sogar eine Hilfestellung bietet, umso besser.

Deshalb kann ich bezüglich der Veröffentlichung dieses nützlichen Ratgebers nur wiederholen:

WOW, WAS FÜR EINE BRILLANTE IDEE. ALLES GUTE FÜR DIE ZUKUNFT

Herzlich
Ihr

HANS-ULRICH BUß
PRÄSIDENT DES VGA, BUNDESVERBAND DER ASSEKURANZFÜHRUNGSKRÄFTE E.V.

Erfolgreiche Agenturführung sowie die Verbesserung der Reputation der Vermittler sind dem BVK und mir persönlich eine Herzensangelegenheit, die wir beide konsequent vorantreiben. Insofern freue ich mich ganz besonders, diesem Buch ein Vorwort widmen zu können.

Unsere Berufsausübung ist seit Jahren in besonderem Maße von regulatorischen Aktivitäten betroffen. Irgendwie haben wir uns schon daran gewöhnt, dass wir eine der Berufsgruppen darstellen, die bei Änderungen der gesetzlichen Rahmenbedingungen über die vergangenen Jahre besonders berücksichtigt wurden.

Mit unseren Initiativen zu den Kaufmannstugenden, der Gründung des Vereins Ehrbare Versicherungskaufleute sowie unserem BVK-Berufsbild sind wir auf einem guten Weg. Wir erfahren bei unseren zahllosen Gesprächen im weit überwiegenden Maße viel Zuspruch, Vertrauen und Wertschätzung. Das ermuntert uns, weiter daran zu arbeiten, das Image unseres Berufsstandes trotz aller Unkenrufe zu verbessern.

Vermittler müssen auch neue Wege gehen, um weiterhin erfolgreich zu sein. Das neue Berufsbild des Vermittlers sieht das unternehmerische Denken und Handeln als unverzichtbare Grundbedingung für Zukunftssicherheit und Erfolg.

Vermittler werden zu Unternehmern, sie leiten mittelständische Betriebe mit allen Verantwortungen, die damit verbunden sind. Nicht jeder, der den Beruf des Vermittlers ergriffen hat, ist diesen neuen Anforderungen in allen Facetten gleichermaßen gewachsen. Der demografische Wandel wird zu größeren Agenturen und Maklerbetrieben führen, die Digitalisierung bringt neue Herausforderungen an die Handlungs- und Entscheidungskompetenz der Vermittler, und ein hybrides Käuferverhalten stellt neben einer hervorragenden Qualifikation zusätzliche Anforderungen an die unternehmerische Kompetenz der Vermittler.

Es ist mein sehnlicher Wunsch, dass meine Vermittlerkollegen ihre wahren Stärken, ihren Nutzen und ihre Werte entdecken, um mit den richtigen Argumenten zu echten lokalen Marken zu werden. Das ist für jedes Unternehmen, egal ob klein oder groß, die Basis für eine gesunde Entwicklung nach innen (zum Mitarbeiter) und nach außen (zum Kunden).

Also, liebe Vermittler, ich kann Ihnen nur raten: Nehmen Sie Ihr Glück selbst in die Hand und machen Sie sich auf den Weg zu einer erfolgreichen und selbstbewussten lokalen Marke!

DIESES BUCH IST DER ERSTE SCHRITT.

Mit kollegialen Grüßen

MICHAEL H. HEINZ
PRÄSIDENT DES BVK, BUNDESVERBAND DEUTSCHER VERSICHERUNGSKAUFLEUTE E.V.

EINLEITUNG

AUF DIE MENSCHEN KOMMT ES AN

Auf die Menschen kommt es an – das gilt vor allem auch für Vermittler, Berater und Makler im hart umkämpften Versicherungsmarkt. Wer heute dauerhaft erfolgreich sein möchte, der muss raus aus der Vergleichbarkeit und Austauschbarkeit. Die Persönlichkeit macht den entscheidenden Unterschied. Es geht darum, eine erfolgreiche lokale Marke zu sein und kein auswechselbarer Kundenbetreuer eines Unternehmens.

Selbstverständlich ist auch die Marke des Versicherers, dessen Produkte Sie vertreten, wichtig. Doch viel wichtiger ist, dass der Kunde Ihnen persönlich und Ihrer Beratung vertraut, denn Sie sind es, bei dem er kauft.

UND WIE WIRD MAN UNVERWECHSELBAR?

Ihre individuellen Stärken und Talente, der Nutzen, den Sie Ihren Kunden bieten, und die Werte, nach denen Sie handeln, sind die Grundpfeiler, mit denen Sie Ihre Kunden nicht nur überzeugen, sondern Ihre Einzigartigkeit unter Beweis stellen können.

In diesem Handbuch möchten wir Sie motivieren, eine Methode auszuprobieren, mit der Sie die Basis Ihrer lokalen Marke entwickeln und sich als unverwechselbare Persönlichkeit positionieren können.

Bevor Ihre eigene Reise beginnt, stellen wir Ihnen fünf Kollegen vor, die ihre Einzigartigkeit bereits erfolgreich unter Beweis stellen. In den anschließenden sechs Kapiteln laden wir Sie dann ein, die ersten Schritte zu einer echten lokalen Marke selbst zu gehen. Hierfür haben wir eine Reihe von Aufgaben für Sie vorbereitet, deren Ergebnisse Sie direkt in diesem Buch festhalten können. Bei allen diesen Aufgaben ist absolute Ehrlichkeit entscheidend. Nur so liefern Ihnen die Ergebnisse einen ersten Einblick, wo Sie heute stehen und wo Sie vielleicht morgen sein wollen.

Zwar kann dieses Handbuch kein individuelles professionelles Coaching zur lokalen Marke ersetzen, aber es kann eine erste wertvolle Grundlage dafür bieten. Wenn Sie sich dafür entscheiden, kann es ein Wegweiser für Sie sein, der Ihnen aufzeigt, wohin Ihre weitere Reise gehen soll.

Wir wünschen Ihnen viel Spaß beim Lesen und beim Entdecken Ihrer persönlichen Talente.

Jürgen Ruckdeschel, Hans-Gerd Coenen und Peggy Kaas

SCHRECKENSSZENARIO:

EINE WELT OHNE VERMITTLER

// ALLEINIGES RISIKO BEI ALLEN UNFÄLLEN

// KEIN SCHUTZ DES EIGENTUMS BEI FEUER ODER ELEMENTARGEFAHREN

// KEIN GELD BEI VERLUST DER ARBEITSKRAFT ODER IM ALTER

// KEIN SCHUTZ IM RECHTSFALL

WAS HAT DIE WELT DAVON, DASS ES UNS VERMITTLER GIBT?

Zugegeben: Das Image des Versicherungsvermittlers ist noch immer in weiten Teilen der Bevölkerung nicht besonders gut. In der Vergangenheit wurden in der Branche viele Fehler gemacht und die Medien haben jede Gelegenheit genutzt, die schlimmsten Fälle wirksam zu verbreiten. So wurde ein ganzer Berufszweig an den Pranger gestellt. Umso wichtiger ist es für die ehrbaren Kaufleute unter den Vermittlern, die ihre Kunden ehrlich beraten, mit diesen Vorurteilen aufzuräumen und zu einem neuen Selbstbewusstsein zu gelangen.

Sie als Vermittler haben eine wichtige gesellschaftliche Rolle: Sie sind es, die maßgeblich dazu beitragen, Existenzen abzusichern. Eine Risiko-Fehleinschätzung, eine fehlende Absicherung oder eine falsche Beratung kann für einen Kunden den Ruin bedeuten. Der Vermittler ist verpflichtet, die jeweilige Bedarfslage zu erkennen, die breiten Maschen des sozialen Netzes zu verkleinern und seine Kunden dabei zu unterstützen, ihre Werte zu sichern. Und zwar nicht nur für sie selbst, sondern auch für die nachfolgende Generation. Zur Sicherheit der Kunden ist die Haftung des Vermittlers für Schäden aus einer fehlerhaften Beratung bzw. Betreuung gesetzlich geregelt. Ganz anders sieht es beim Abschluss im Internet aus: Hier ist der Kunde für seine Auswahl und Entscheidung ganz allein verantwortlich.

Auf den folgenden Seiten stellen wir Ihnen fünf erfolgreiche Versicherungsvermittler vor, die mit einem lokalen Markencoaching ihre Stärken, ihren Nutzen und ihre Werte neu entdeckt haben und diese ihren Kunden gegenüber nun täglich unter Beweis stellen.

ENGAGIERT.
VERLÄSSLICH.
INITIATIV.

YVES HAAS
BGV-HAUPTVERTRETER

Mein Name ist Yves Haas. Zum Versicherungsgeschäft kam ich über ein Praktikum im Autohaus. Ich stellte fest, dass mir Zahlen, Daten und Fakten näher lagen als handwerkliches Geschick. Nach meinem Realschulabschluss bewarb ich mich für eine Lehre als Versicherungskaufmann beim BGV. Nach der Ausbildung arbeitete ich zwei Jahre im Innendienst im Kundenservice. Nebenberuflich absolvierte ich verschiedene Aus- und Fortbildungen und habe schließlich meinen Versicherungsfachwirt gemacht. Danach folgten drei Jahre Außendienst. Heute bin ich selbstständiger BGV-Vermittler mit eigener Agentur.

Meine Leidenschaft für Autos ist natürlich geblieben, ich teile sie heute mit meinen Kunden, die ihre „Schätzchen" bei mir versichern. Die Branche hat zwar nicht den besten Ruf, aber die vielen gesetzlichen Änderungen, die nach und nach in Kraft treten, werden ihn in den nächsten Jahren weiter verbessern. Vor den Reformen im Versicherungsgeschäft gab es kaum Anforderungen an die Ausbildung eines Versicherungsvertreters, viele haben Versicherungen nebenberuflich verkauft. Heute sind die Voraussetzungen gesetzlich geregelt und werden von den Unternehmen auch geprüft. Die „Schlechten" werden vom Markt verschwinden, die „Guten" werden bleiben.

Manche älteren Kunden haben noch Vorurteile und sind der Meinung, dass Versicherungsvermittler nur überteuerte Leistungen verkaufen wollen, die man gar nicht braucht. Bei den Jüngeren ist es etwas anders, sie sind oft offener, z.B. zum Thema Berufsunfähigkeit. Natürlich gibt es auch die Kunden, die wegen einem Euro Preisunterschied zu einem anderen Versicherer wechseln, aber ich sehe das nicht als Konkurrenz, denn diese Kunden möchte ich gar nicht betreuen.

Wir erhalten viele Anrufe und Anfragen von Kunden, die sich vorab ausführlich über Check 24 informiert haben und einen kompetenten Ansprechpartner vor Ort suchen. Sie verstehen, dass es eine Menge Vorteile bietet, Kunde einer lokalen Versicherungsagentur zu sein: Sie bekommen alles aus einer Hand. Wir behalten den Überblick über die verschiedenen Verträge und treffen bei Änderungen eine passende Vorauswahl aus den vielen Möglichkeiten. Wir helfen im Schadensfall rasch und unkompliziert, auch mit Tipps, Adressen oder Ansprechpartnern für die Reparatur, denn wir sind in der Region vernetzt.

Zwei entscheidende Faktoren für unseren Erfolg im Versicherungsgeschäft sind Ehrlichkeit und Zuverlässigkeit. Wenn es um Geld geht, sind diese Werte mehr denn je gefragt und notwendig. Denn letztlich geht es um die Existenz meiner Kunden. Verlassen kann man sich nur auf Menschen, die Zusagen einhalten, zu ihrem Wort stehen oder Fehler, wenn sie denn passieren, offen zugeben und nach einer Lösung suchen.

So gehen auch ich und mein Team in der Beratung vor: Am Anfang steht eine genaue Analyse, danach geht es um ehrliche Beratung, verlässliche Auskünfte und Zusagen. Und am Ende erhält der Kunde eine Absicherung, die wirklich dem Bedarf entspricht.

Ich bin mir der Verantwortung bewusst, die meine Tätigkeit mit sich bringt. Ich gewinne gerne und setze mir selbst hohe Ziele. Erfolg heißt daher für mich, das Bestmögliche zu erreichen. Das setzt ein bestimmtes Maß an Perfektion und Genauigkeit, eine effiziente und verantwortliche Arbeitsweise, Disziplin und Konsequenz voraus. Es wird uns oft nachgesagt, wir seien „pünktlich wie die Maurer!" Und ja, genau darum geht es.

> **ES WIRD UNS OFT NACHGESAGT, WIR SEIEN „PÜNKTLICH WIE DIE MAURER!"**

WIR LIEBEN, WAS WIR TUN!

CARMEN MARTIN
BGV-SERVICEBÜRO

Mein Name ist Carmen Martin. Nach meiner Lehre bei der Bank wurde ich sehr bald zur Beraterin mit eigener Sparkassen-Geschäftsstelle befördert. Die Arbeit machte mir viel Spaß, aber ich fühlte mich dennoch fremdgesteuert mit zu wenig Handlungsspielraum, um mich persönlich zu entfalten.

Mein berufliches Schicksal nahm seinen Lauf, als ich in einen Autounfall verwickelt wurde. Ich war total verunsichert und wusste nicht was tun. Mein Schwiegervater war Versicherungsvermittler, also war er der erste, den ich anrief und um Hilfe bat. Er beruhigte mich, erklärte mir genau, was ich zu tun hatte, und kümmerte sich um die komplette Abwicklung. Ich war sehr erleichtert und fand es wunderbar, Menschen in einer solchen Notsituation helfen zu können. Er war mein Retter in der Not. Kurze Zeit darauf suchte mein Schwiegervater Verstärkung in seiner Agentur, die er damals bereits 40 Jahre lang erfolgreich führte. Ich beschloss, das Bankgeschäft zu verlassen und zu ihm in die Versicherungsbranche zu wechseln.

Zehn Jahre später eröffnete ich mein eigenes BGV-Servicebüro. Ich hatte nach einem bodenständigen Unternehmen mit Sitz in Deutschland gesucht und es gefunden. Es war mir wichtig, dass das Geld hier bei uns im Land bleibt und nicht an internationalen Börsen riskante Geschäfte damit gemacht werden. Ich hatte kein Interesse an großen Namen. Werte wie Menschlichkeit, Ehrlichkeit und Sicherheit waren wichtig für mich. Der BGV erfüllte genau diese Kriterien.

Leider haben Versicherungen und deren Vertreter heutzutage keinen guten Ruf. Es geht wie in jeder Branche bei vielen nur um den kurzfristigen Erfolg, und manche schwarzen Schafe unter den Vermittlern machen bewusst falsche Angaben, um ihre Kunden zu einer Versicherung zu überreden, die sie entweder nicht brauchen oder die im Schadensfall auch nicht bezahlt. Dennoch ist die Berichterstattung viel zu einseitig. Man hört nur von Fällen, in denen Versicherungen nicht bezahlen, von den vielen, die Menschen vor dem finanziellen Ruin bewahren, hört man meist nichts. Die massenhafte Werbung der großen Versicherungen hilft im Hinblick auf den schlechten Ruf nicht weiter, die Kampagnen sind übertrieben und damit unglaubwürdig und bestätigen die Kunden in ihrem Misstrauen.

Ich lasse mich davon jedoch nicht beeindrucken. Wir arbeiten mit einem Erfahrungsschatz von zwei Generationen, in denen fast 60 Jahre Fachwissen aufgebaut wurde. Dieses Wissen setzen wir zu 100 Prozent für unsere Kunden ein. Bei uns steht der Mensch mit seinen gesamten Lebensumständen im Vordergrund. Es reicht nicht, nur eine einzelne Police im Blick zu haben. Es geht um die Absicherung des „Lebens" von der Gesundheit bis zu den finanziellen Anlagen. Deshalb erhält jeder Kunde einmal im Jahr einen Rund-um-Check mit einer Analyse und Vorschlägen für Anpassungen falls Änderungen erforderlich sind.

ES GEHT UM DIE ABSICHERUNG DES „LEBENS"

Das danken uns unsere Kunden mit langjähriger Treue. So wurden wir über die Jahre für viele eine Art „Lebensbegleiter" von einer Generation zur nächsten.

Heute sind wir „die Martins von der Badischen". Wir sind die lokalen und persönlichen Ansprechpartner für alle Fragen rund um Versicherungen. Wir lieben, was wir tun. Der Beweis sind 2.200 zufriedene Kunden. Meine Kinder sagen immer wieder zu mir, dass sie später einmal bei mir in der Agentur arbeiten möchten – das macht mich sehr stolz und bestätigt mich darin, genau das Richtige gemacht zu haben.

VERTRAUEN SCHAFFEN.
BEZIEHUNG AUFBAUEN.
LÖSUNGEN FINDEN.

JERON OHNMACHT
HELVETIA-VERMITTLUNGSBÜRO

Mein Name ist Jeron Ohnmacht. Den Versicherungsvertrieb hatte ich als junger Mann beruflich zunächst überhaupt nicht auf dem Schirm. Ich konnte mir nicht vorstellen, etwas zu verkaufen, das man weder sehen noch anfassen kann. Daher begann ich meine Karriere zunächst im Einzelhandel. Dann wurde die Nachfolge meines Onkels in der Agentur „Ohnmacht Versicherungen" vakant. Das Büro wurde bereits 1889 gegründet und ist heute die älteste Helvetia-Agentur. Ich begann ein Praktikum und war von Anfang an begeistert. 2014 habe ich die Leitung übernommen und führe jetzt das einzige Versicherungsbüro in Pforzheim mit der Erfahrung aus vier Generationen.

An der Selbstständigkeit gefällt mir vor allem die Freiheit, Entscheidungen eigenverantwortlich treffen zu können. Ich kann mich auf meine Stärken konzentrieren: Vertrauen schaffen, Beziehungen aufbauen und die richtigen Lösungen für unsere Kunden finden. Das Besondere an der Versicherungsbranche sind für mich die ganz unterschiedlichen Menschen, denen man begegnet. Jeder braucht irgendeine Art von Versicherung, egal aus welcher Bevölkerungsschicht er kommt. Jeder hat seine ganz eigene Geschichte sowie verschiedene Ansprüche und Beweggründe für die persönliche Absicherung. Als Vermittler trage ich eine große Verantwortung, denn eine

Falschberatung hat im Schadensfall einen großen Einfluss auf die finanzielle Situation meines Kunden.

Eine besondere Herausforderung für mich als Vermittler ist der schlechte Ruf der Branche, der durch die negative Presse oft verstärkt wird. Viele Kunden sind dadurch verunsichert und haben Angst, dass man ihnen zu viel zu teuer verkaufen möchte. Hinzu kommt das wachsende Angebot im Internet, das das Kundenverhalten beeinflusst. Dennoch sehe ich in der Versicherungsbranche weiterhin ein großes Potential für Vermittler, die professionelle, verlässliche Dienstleistungen anbieten und sich mit ihrer Persönlichkeit vom Markt abheben. Es geht darum, sich selbst und sein Angebot kontinuierlich weiter zu entwickeln und dadurch einen spürbaren Mehrwert zu bieten. Wir haben unsere Kunden und ihre Bedürfnisse umfassend im Blick; Veränderungen im privaten oder beruflichen Bereich werden regelmäßig abgefragt und die Absicherung bei Bedarf individuell angepasst.

Individualität liegt mir sehr am Herzen. Das erleben meine Kunden spätestens bei einem persönlichen Treffen: Ich unterscheide mich allein schon durch meine äußerliche Erscheinung vom „typischen" Vermittler im dunkelblauen Anzug: Ich bin sichtbar tätowiert und pflege einen extravaganten Kleidungsstil. Für meine Kunden bin ich einzigartig und authentisch. Dazu gehört natürlich vor allem die persönliche Beziehung, die Vertrauen und somit die Basis für eine gute Zusammenarbeit schafft. Sie wissen, dass bei mir die individuelle Beratung im Fokus steht und ich nicht nur an Provisionen denke. Ich verkaufe ehrlich und stehe im Schadensfall zu 100 Prozent hinter meinen Kunden.

> **INDIVIDUALITÄT LIEGT MIR SEHR AM HERZEN.**

Es ist mir außerdem wichtig, dass auch meine Mitarbeiter die strategische Ausrichtung meiner Agentur kennen und sich hierbei mit- und ernst genommen fühlen. Das lokale Markencoaching war ein wichtiger Schritt in diese Richtung. Wir konnten unsere gemeinsamen Ziele erarbeiten und formulieren - diese waren uns zwar schon vorher klar, nur hatten wir sie so nie aussprechen können.

Um es auf den Punkt zu bringen: Meine Agentur zeichnet sich durch Ehrlichkeit, Individualität und Zuverlässigkeit aus – das ist der Ohnmacht'sche Vorteil, und der ist einzigartig.

MIT LEIDENSCHAFT UND PERFEKTION ZUM ZIEL!

SCHIRIN OERTEL
UNGEBUNDENE VERMITTLERIN

Mein Name ist Schirin Oertel. Ich bin die Versicherungstante. Ja, Sie haben richtig gelesen. So werde ich oft von meinen Kunden begrüßt, und das macht mich stolz. Es ist der Ausdruck einer Beziehung, die auf Vertrauen beruht. Viele meiner Kunden sehen mich buchstäblich als Teil der „Familie" – ich gehöre immer irgendwie dazu.

Schon mit 14 Jahren wusste ich ganz genau, was ich wollte. Damals wollte ich zur Bank. Direkt nach dem Abitur begann ich meine Ausbildung zur Bankkauffrau und kannte innerhalb kurzer Zeit alle meine Kunden mit Namen und Kontonummer. Irgendwann fragte mich mein Versicherungsvermittler, ob ich nicht Lust hätte, zur Versicherung zu wechseln. Entwicklung und Veränderung sind ein wichtiges Element in meinem Leben und gehören zu meinem Wunsch nach Unabhängigkeit.

Ich nahm die Herausforderung an und begann eine weitere Ausbildung zur Versicherungsfachfrau und Fachwirtin für Finanzdienstleistungen. Heute führe ich meine eigene erfolgreiche, unabhängige Agentur und bin die Finanz- und Versicherungsexpertin für Menschen mit einem besonderen Anspruch.

In vielen Köpfen sind wir Versicherungsvermittler moderne Raubritter. Aber wenn man genau hinhört geht es immer um die „schwarzen Schafe", die man selbst nie kennengelernt hat. Für mich persönlich ist der schlechte Ruf der Branche oder die fortschreitende Digitalisierung kein Problem. Meine Beratung führe ich fast immer vor Ort beim Kunden durch. Dort kann ich mich intensiv mit den Lebensumständen meiner Kunden auseinandersetzen. Mit meinem unkomplizierten und persönlichen Beratungsstil stelle ich mein Expertenwissen aus 20 Jahren Erfahrung unter Beweis und räume damit sämtliche Vorurteile aus dem Weg. Als unabhängige Beraterin ist mein Expertennetzwerk an ausgesuchten Partnern aus den verschiedenen Fachbereichen elementar wichtig für den Erfolg. Ich bin Perfektionistin und habe einen hohen Anspruch an mich selbst und meine Leistung. Man kann nicht alles wissen, und deshalb sorge ich aktiv für einen regen Wissensaustausch mit anderen Experten.

Ich liebe meine Arbeit und habe Spaß daran. Es ist mir tatsächlich ein Vergnügen, schnell, korrekt und sehr akribisch zu arbeiten. Es gibt mir Energie, wenn ich kreativ sein kann, um für den Kunden das Optimale zu erreichen. Mit dieser Einstellung kann ich mein Versprechen halten und meinen Kunden die besten, auf die Zukunft ausgerichteten Leistungen anbieten. Es begeistert mich, wenn ich meine Kunden überraschen kann, weil mehr rauskommt oder drin ist, als sie dachten. Deshalb sehe ich die Digitalisierung auch nicht als Gefahr, sondern als Möglichkeit, mobil von überall aus zu arbeiten und jederzeit erreichbar zu sein. Wenn ein Kunde per WhatsApp am Samstagmorgen schreibt, dass er gerade am Zulassungsschalter steht und dringend eine eVB-Nummer benötigt, ist das kein Problem – er bekommt was er braucht, wann er es braucht. Genau diesen Service schätzen meine Kunden an ihrer Versicherungstante.

Kunden, die aus Kostengründen ihre Versicherung im Internet abschließen, gehören nicht zu meiner Zielgruppe und bereiten mir deshalb auch keine Kopfschmerzen. Seit meinem lokalen Markencoaching arbeite ich konsequent nur noch auf Empfehlung über persönliche Kontakte. Das verschafft mir Respekt und Unabhängigkeit.

> **ICH LIEBE MEINE ARBEIT UND HABE SPASS DARAN.**

OFFEN.
EHRLICH.
KOMPETENT.

MICHAEL KOLBERG
SECURESS

Mein Name ist Michael Kolberg. Als meine Berufswahl anstand, habe ich mich bei einer Versicherung beworben. Schon beim Einstellungsgespräch und beim anschließenden Assessment-Center dachte ich mir, dass ich die besten Voraussetzungen für einen erfolgreichen Berater mitbringe. Es machte mir Spaß, die Feinheiten und speziellen Bedingungen der verschiedensten Policen zu vergleichen und daraus die optimale Lösung für die besonderen Anforderungen eines Kunden zusammenzustellen.

Bis heute liebe ich es, Menschen dazu zu beraten, wie sie die finanziellen Risiken in ihrem Leben minimieren können. Für mich ist die Tätigkeit des Maklers mehr als ein Job – es ist eine Berufung mit hoher, sozialer Verantwortung.

Die Versicherungsbranche befindet sich in einem steten Wandel. Neue Anforderungen, Auflagen, Gesetzesänderungen, Digitalisierung und ein wachsendes Produktangebot führen zu deutlich mehr Bürokratie. Ein positiver Aspekt ist, dass viele Produkte verändert, dem Zeitgeist angepasst und verbessert werden. Eine Herausforderung ist die Digitalisierung – durch die Menge an Online-Angeboten sind die Kunden zwar oft besser informiert, aber durch die ständigen Pressemeldungen auch deutlich vorsichtiger und skeptischer.

KAPITEL I

Als Makler bin ich ungebunden. Ich arbeite mit ca. 200 Gesellschaften zusammen, aus deren Portfolio ich die Absicherung meiner Kunden auswählen und zusammenstellen kann. So kann ich ehrliche und unabhängige Beratung auf Augenhöhe anbieten. Das bedeutet aber auch, dass ich mich ständig informieren muss, um auf dem neuesten Stand zu sein. Ich muss wissen, was in der Branche passiert, und ich muss laufend meinen Innendienst gut aus- und weiterbilden. Nur so kann ich die besten Produkte aus der vollen Palette der Angebote schöpfen und meinen Kunden die ideale Lösung anbieten.

Vor einem Jahr habe ich mich entschieden, ein lokales Markencoaching durchzuführen, um meine aktuelle Positionierung am Markt zu analysieren und neue Wege zu entdecken. Im Coaching bin ich mir vieler meiner Stärken wieder bewusster geworden. Zwar bin ich in meinem persönlichen Auftreten sehr selbstbewusst und authentisch, mein breit gestreutes Fachwissen in allen Bereichen habe ich jedoch bislang für selbstverständlich gehalten und nicht aktiv kommuniziert.

ICH BIN KONSEQUENTER UND STRUKTURIERTER IM HANDELN

Seit dem lokalen Markencoaching habe ich ein neues Selbstbewusstsein entwickelt. Ich bin konsequenter und strukturierter im Handeln und ich habe mich mit meinem Social-Media-Auftritt beschäftigt. Ich sehe mich heute mehr denn je als echte lokale Marke, und diese Sicherheit überträgt sich auch auf meine Kunden.

"WEITERENTWICKLUNG FINDET DORT STATT, WO MAN SICH PROBLEMEN STELLT, ANDERNFALLS ENTWICKELN SICH DIE PROBLEME WEITER."

THOM RENZIE

KAPITEL II

VERSICHERUNGSVERMITTLER:
JOB ODER BERUFUNG?

Wir erleben in den vorangegangenen Porträts individuelle Persönlichkeiten, die alle zu Recht stolz auf ihre eigene Agentur und ihre Selbstständigkeit sind. Was sie verbindet, ist das große Verantwortungsgefühl gegenüber ihren Kunden, ihren Mitarbeitern und ihrer Region.

Nach den Berichten über „betrügerische" Versicherungsunternehmen und „dreiste Vermittler" prophezeit man nun dem Vermittler und Makler vielerorts durch die wachsende Digitalisierung das nahe Ende seiner Zunft. Drastische gesetzliche Änderungen und Zinsen in einer dauerhaften Talfahrt – die die klassische Lebensversicherung vor massive Herausforderungen stellen – zeichnen ebenfalls ein düsteres Bild. Wie ist es unter diesen Umständen dennoch möglich, als Vermittler heute erfolgreich zu sein? Die Vermittler in diesem Buch haben bewiesen, dass es geht.

LEBENSAUFGABE RISIKOMANAGEMENT

Beim Abschluss einer Versicherung geht es um die individuelle, bedarfsgerechte Absicherung des Lebensrisikos in allen beruflichen und persönlichen Bereichen. Dies ist eine wahrlich „riskante" Aufgabe.

Die Vermittler, die sich hier im Buch vorstellen, stehen stellvertretend für das wahre Gesicht der Versicherungsbranche. Sie machen nicht einfach nur einen Job. Für sie ist die Beratung eine Lebensaufgabe mit größter Verantwortung. Sie sind ehrbare Kaufleute und damit allesamt verantwortungsvolle Risikomanager und Entscheidungscoaches für ihre Kunden.

WERTE SCHAFFEN VERTRAUEN

Der Vermittler muss alle Lebensbereiche des Kunden im Blick haben und vorausschauend beraten. Dazu muss er erst einmal das Vertrauen seiner Kunden gewinnen, denn wer ist schon bereit, seine ganz privaten Lebensverhältnisse einem Fremden zu erzählen und offenzulegen? Das ist besonders dann schwer, wenn die Meldungen über „betrügerische" Vertriebstruppen omnipräsent sind.

Es reicht nicht aus, dass ein Vermittler die reinen Sachleistungen seiner Versicherungen oder die für ihn lukrativen Provisionen kennt. Er muss in der Lage sein, den tatsächlichen Bedarf seiner Kunden zu erarbeiten und zu verstehen. Er muss echte Werte haben, sie leben und kommunizieren, damit sie seine Kunden auch spüren. Nur so lässt sich ein dauerhaftes Vertrauensverhältnis aufbauen. Unsere Vermittler in diesem Buch haben sich das Vertrauen ihrer Kunden hart erarbeitet und ehrlich verdient. Den Beweis, dass sie zuverlässig beraten und dass eine optimale persönliche Absicherung ihrer Kunden ihr wichtigstes Anliegen ist, haben sie vielfach und über Jahre erbracht.

RISIKOMANAGER UND ENTSCHEIDUNGSCOACH:

PERSÖNLICHE UND BEDARFS-GERECHTE ABSICHERUNG DER KUNDEN!

// SCHUTZ DER PERSON
// SICHERUNG DES BESITZES
// MINIMIERUNG DES LEBENSRISIKOS
// ABSICHERUNG VON EIGENTUM & EINKOMMEN

„ES IST SCHON ALLES GESAGT, NUR NOCH NICHT VON ALLEN."

KARL VALENTIN

KAPITEL III

QUO VADIS
DEUTSCHE VERSICHERUNGSLANDSCHAFT?

Versicherungsvermittler wurden in Deutschland erstmals 1765 erwähnt. Die Versicherungsvertreter waren zu dieser Zeit hauptberuflich als Kaufmann, Rechtsanwalt, Notar oder Beamter tätig und hatten einen hohen gesellschaftlichen Rang. Da sie wirtschaftlich durch ihren Beruf abgesichert und nicht auf die Vermittlung von Versicherungen angewiesen waren, betrieben sie das Versicherungsgeschäft nebenberuflich. Damals wurde großen Wert darauf gelegt, dass die Versicherungskunden ebenfalls ehrenwerte und wohlhabende Personen waren. Versicherungen waren kein Massenprodukt, sondern kostbar und nur für einen exklusiven, solventen Personenkreis erhältlich.

DER ERSTE PARADIGMENWECHSEL – VON DER EXKLUSIVITÄT ZUR MASSE

In der zweiten Hälfte des 19. Jahrhunderts änderte sich der Markt drastisch. Versicherungen wurden für jedermann zugänglich. Durch dieses enorme Wachstum waren vor allem hauptberufliche Versicherungsvermittler gefragt. Ihnen wurde ein hohes Einkommen zugesichert – fachliche Vorkenntnisse und Qualifikationen waren nicht erforderlich. Massengeschäfte und steigender Wettbewerb, auch auf Kosten der Versicherten, waren die Folge.[1]

Am 1. Juli 1994 wurde mit den für das Versicherungsrecht grundlegenden EU-Richtlinien der Versicherungsmarkt dereguliert. Dies führte zu weiteren Veränderungen: Die Angst vor ausländischen Übernahmen, steigender Kostendruck bei stagnierenden oder sinkenden Umsätzen hatte Fusionen und Zusammenschlüsse von Versicherern zur Folge. Die Versicherungslandschaft hat sich im Anschluss in bis dahin unbekannte Dimensionen verändert.[2]

Im Januar 2018 waren 220.825 Versicherungsvertreter und -berater im Register des Deutschen Industrie- und Handelskammertags (DIHK) erfasst. Im April waren es nur noch 211.504. Damit ist die Zahl der registrierten Versicherungsvermittler innerhalb von nur drei Monaten um 9.321 gesunken. Wie die Versicherungslandschaft so hat sich über die Jahrzehnte auch das Kundenverhalten nachhaltig verändert. Der Versicherungskunde von heute ist informiert, aufgeklärt, preisorientiert, kritisch distanziert, unloyal – und er stellt höhere Ansprüche als je zuvor an seinen Versicherer und die Versicherungsprodukte. Durch dieses Verhalten und den steigenden Wettbewerbsdruck entsteht eine verhängnisvolle Wechselwirkung, die die Beziehung zwischen Vermittler und Kunde vor neue Herausforderungen stellt.[3]

Wer als Vermittler in diesem heiß umkämpften Markt dauerhaft erfolgreich sein möchte, muss sich den neuen Herausforderungen stellen und bisherige Strategien überdenken. Dazu gehört auch eine kontinuierliche persönliche Weiterentwicklung.

DAS IMAGE – MEINUNG UND WIRKLICHKEIT

Als Kunden erwarten wir von unseren Versicherungen, dass sie im Ernstfall bezahlen. Und das tun sie auch. Vorausgesetzt natürlich, der Betroffene hat den richtigen Versicherungsschutz gewählt. Aber wann bzw. wie oft hören wir in der Öffentlichkeit über die vielen hohen Auszahlungen der Versicherungen? Und wann wurde in den Medien ein Vermittler erwähnt, der seinen Kunden bei der Abwicklung eines Schadens außerordentlich unterstützt hat? Wo wird schon darüber berichtet, dass viele Vermittler 24 Stunden, sieben Tage die Woche für ihre Kunden da sind? Gab es Zeitungsberichte über Vermittler, die am Wochenende zum Schadensort fahren, um dem Kunden beizustehen? Eher selten oder gar nicht!

Auch wenn es bei Versicherungen, wie in jeder Branche, durchaus immer noch schwarze Schafe gibt, überwiegen die Vorteile, die ein Vermittler als persönlicher Risikomanager seinen Kunden bieten kann, um ein Vielfaches. In einem Online-Portal kann man zwar in Sekundenschnelle das preisgünstigste Angebot finden, eine professionelle Beratung unter Berücksichtigung der tatsächlichen Anforderungen und Leistungen erhält man jedoch nicht. Die wahre Wirtschaftskraft in Deutschland sind kleine und mittelständische Unternehmer. Die sind aber oft mit den täglichen Herausforderungen und Aufgaben mehr als ausgelastet und haben wenig Zeit oder Mittel, sich um eine medienwirksame Darstellung und Pressepräsenz zu kümmern. Dies gilt auch für die allermeisten Versicherungsvertreter.

Unser Rat: Seien Sie stolz auf Ihre Agentur und stolz darauf, zur wohl verlässlichsten Wirtschaftskraft in Deutschland zu gehören!

[1] Vgl. Koch, Peter (2012): Geschichte der Versicherungswirtschaft in Deutschland, Verlag Versicherungswirtschaft.

[2] Vgl. Eickenberg, Volker (2013): Marketing für Versicherungsvermittler: Verkaufspotenziale entdecken - Neukunden finden - Bestandskunden binden, Verlag Versicherungswirtschaft.

[3] Deutscher Industrie- und Handelskammertag e.V. (2018): Unter: https://www.dihk.de/ Suche Versicherungsvermittler (Stand: 04.05.2018).

BUNDESMINISTERIUM FÜR WIRTSCHAFT UND ENERGIE, 2018:

WIRTSCHAFTS-MOTOR MITTELSTAND

„Kleine und mittelständische Unternehmen erwirtschaften mehr als jeden zweiten Euro und stellen deutlich über die Hälfte aller Arbeitsplätze in Deutschland. Mittelständler tragen deutlich zur Wirtschaftskraft bei. So wird rund 35 Prozent des gesamten Umsatzes der Unternehmen in Deutschland von KMU erwirtschaftet."[4]

KAPITEL IV

ES KOMMT AUF DIE PERSÖNLICH-KEIT AN

IM DIGITALEN ZEITALTER MACHT SIE DEN ENTSCHEIDENDEN UNTERSCHIED!

ERFOLGREICHE VERMITTLER LEBEN VON DER GLAUBWÜRDIGKEIT IHRER BERATUNG UND IHREM MORALISCHEN RUF.

Die Digitalisierung hat die Verhältnisse in der Versicherungsbranche gründlich verändert. Doch für Vermittler, die nach den Grundsätzen des „ehrbaren Kaufmanns" handeln und sich als einzigartige Marke positionieren, ist das Internet nicht nur eine große Herausforderung, sondern vor allem ein Ansporn, sich gerade dieser zu stellen und weiter zu entwickeln. Und damit ist es eine große Chance, eigene Wege neu zu entdecken.

Früher hat man sich dort versichert, wo Familie, Freunde oder Mitglieder der jeweiligen Berufsgruppe versichert waren. Man hat sich umgehört, von den Erfahrungen anderer überzeugen lassen und so die Entscheidung getroffen. Die Digitalisierung hat dieses Verhalten grundlegend verändert. Durch Vergleichsportale im Internet werden Produkte und Leistungen transparenter und vergleichbarer. Auch wenn sich Versicherer ständig neue Leistungen einfallen lassen, um ihre Marke aufzuwerten, kann man das reine, von jeder Beratungs- und Serviceleistung entkernte Produkt zu günstigsten Konditionen erhalten.

Ob ohne eine umfassende, auf die persönlichen Bedürfnisse angepasste Beratung tatsächlich der richtige Versicherungsschutz ausgesucht wurde, zeigt sich oft erst, wenn es zu spät ist. Im Schadensfall, wenn kein Fachmann für die Unterstützung bei der Schadensabwicklung erreichbar ist, stellt man fest, ob man versichert hat, was man versichern wollte und sollte.

Für Sie als Fachmann ist es elementar wichtig, dass Sie Ihren Kunden klar und deutlich kommunizieren, welchen Nutzen und welche Vorteile Sie mit Ihrer persönlichen, umfassenden und professionellen Beratung bieten. Der Umfang einer Beratung und die laufende Betreuung mit weiteren Dienstleistungen sind Ihren Kunden oftmals nicht bewusst.

SAGEN SIE IHREM KUNDEN DEUTLICH, VON HERZEN UND MIT STOLZ, WIE WICHTIG UND PROFESSIONELL DIE BERATUNG IST, DIE SIE IHM BIETEN - UND WELCHE VORTEILE ER DAVON HAT.

Seit Beginn der Digitalisierung in der Versicherungswirtschaft wurden immer wieder Studien durchgeführt und Kunden nach ihrem Kaufverhalten beim Versicherungsschutz befragt. Auch wenn die Ergebnisse zeitweise schwanken, zeigt sich der Trend ganz deutlich. Die Bedeutung der Online-Recherche nimmt weiter zu, Tendenz steigend. Beim „einfachen Versicherungsschutz" wie z.B. KFZ-Versicherungen wird auch immer mehr online abgeschlossen. Bei den „komplexen Produkten" jedoch, z.B. Lebensversicherungen, verlassen sich die Kunden allerdings nicht nur auf ihre Online-Recherche. Hier suchen sie das persönliche Beratungsgespräch mit einem Vermittler ihres Vertrauens und schließen den Vertrag auch nur mit diesem ab. Dieser Trend ist altersunabhängig und seit einiger Zeit wieder steigend.

Dies zeigt, wie wichtig dem Kunden eine professionelle Beratung durch einen erfahrenen und glaubwürdigen Vermittler ist. Ein Beweis dafür, dass auch in Zeiten wachsender Digitalisierung Menschen mit Professionalität und Glaubwürdigkeit gefragt sind – sich online informieren aber offline mit dem Vermittler abschließen ist für viele immer noch der sicherste Weg.

KAPITEL V

DIE 10 TUGENDEN DES EHRBAREN KAUFMANNS
VOM VEREIN EHRBARE VERSICHERUNGSKAUFLEUTE E.V.

www.vevk.de/die-10-tugenden-der-ehrbaren-kaufleute.html

TUGEND 01:
Der „Ehrbare Kaufmann" ist sich seiner politischen und sozialen Verantwortung bewusst

Er bekennt sich zur freiheitlich demokratischen Grundordnung, zur Achtung der berechtigten Interessen des Einzelnen, zur Chancengleichheit und zur Teilhabe an Sicherheit und Versorgung. Er setzt sich für Gerechtigkeit, Solidarität, Toleranz und Wohlstand ein.

TUGEND 02:
Der „Ehrbare Kaufmann" nimmt seine sozialpolitische Aufgabe aktiv und verantwortlich an

Seine wichtigste Aufgabe ist neben der Absicherung der allgemeinen Lebensrisiken die Ergänzung der sozialen Sicherungssysteme einschließlich der staatlichen Fürsorge. Daraus erwächst ihm die Verpflichtung, sich aktiv in sozial- und wirtschaftspolitischen Fragen gegenüber seinen Kunden, Geschäftspartnern und der Öffentlichkeit zu positionieren. Er stellt so die Leistung und Bedeutung seines Berufsstandes für die Gesellschaft unter Beweis.

TUGEND 03:
Der „Ehrbare Kaufmann" bekennt sich zu ethischem Handeln

Sein Leben und seine Arbeit orientiert er an den Regeln der guten Sitten und des Anstandes, die nicht geprägt sind von Gier, Neid, Manipulation und Korruption. Er bekämpft aktiv Marktteilnehmer und Wettbewerber, deren Handeln von unethischen Motiven geprägt ist.

TUGEND 04:
Der „Ehrbare Kaufmann" handelt nachhaltig

Er versteht sich als Teil der Gesellschaft, der Wirtschaft und der natürlichen Umwelt und sorgt nach dem Prinzip der Nachhaltigkeit für einen Ausgleich. Er hinterfragt gegenüber Partnern und Kunden Produkte und Lösungen auch auf ihre Nachhaltigkeit. Er orientiert sich nicht an kurzfristigen und riskanten Produkten, sondern bietet seinen Kunden nachhaltige Lösungen für die jetzige und für künftige Generationen an.

TUGEND 05:
Der „Ehrbare Kaufmann" steht für Identifikation und bürgerliches Engagement

Er identifiziert sich mit seinen Berufskollegen und seinem Berufsstand sowie deren Organisation. Er weiß um die Stärke der Solidarität und Gemeinsamkeit, in der er sich engagiert. Als Vorbild übernimmt er freiwillig gesellschaftliche Aufgaben.

TUGEND 06:
Der „Ehrbare Kaufmann" verpflichtet sich dem Interesse seines Kunden

Er berät seine Kunden fair und an den individuellen Bedürfnissen ausgerichtet. Vertriebssteuerungen lehnt er ab. Er erteilt den Kunden seinen Rat unabhängig von einem unmittelbaren Geschäftsabschluss.

TUGEND 07:
Der „Ehrbare Kaufmann" versteht Vertrauen als Grundlage seines Handelns

Zuverlässigkeit und Glaubwürdigkeit, fairer Umgang miteinander, pünktliches Leisten, korrektes Abrechnen, Loyalität und das Handeln nach dem Prinzip von Treu und Glauben begründen ein auf Dauer angelegtes Vertrauen seines Kunden.

TUGEND 08:
Der „Ehrbare Kaufmann" setzt seine Wertestandards und sein Handeln ständig einer kritischen Selbstreflexion aus

Die von den Grundtugenden abgeleiteten Wertestandards bedürfen der ständigen Überprüfung. Der ehrbare Kaufmann stellt sich offen der Diskussion um seinen Berufsstand und sucht aktiv den Kontakt mit allen gesellschaftlichen Gruppen. Er überprüft und reflektiert sein Handeln in ständigem Austausch mit seinen Kunden, Kollegen und Mitarbeitern.

TUGEND 09:
Der „Ehrbare Kaufmann" erfüllt hohe Standards im Umgang mit seinen Mitarbeitern

Offenheit, Fairness, Respekt, Transparenz des unternehmerischen Handelns, Dialog- und Kritikbereitschaft, Verantwortung, Vertrauen und vorbildliche Führung sind selbstverständliche Werte für den Umgang mit seinen Mitarbeitern und fördern zugleich deren Motivation und Identifikation mit den Unternehmenszielen.

TUGEND 10:
Der „Ehrbare Kaufmann" steht für Qualität und Kompetenz

Ständige Weiterentwicklung der fachlichen und sozialen Kompetenzen und der Kundenorientierung sind eine weitere unersetzliche Basis und Voraussetzung für den wirtschaftlichen Erfolg des Versicherungsvermittlers.

Ehrbarkeit wird durch eine innere Einstellung und dauernde Konditionierung verschiedener Fähigkeiten zum Ausdruck gebracht. Hierbei hilft die Auseinandersetzung mit den Motiven, die mich und meine Handlungen bestimmen.

Unterstützt durch das Bewusstsein des Kaufmanns und die Ausprägung der hierfür notwendigen Qualitäten stärkt Ehrbarkeit den wirtschaftlichen Erfolg langfristig und die Entwicklung der unternehmerisch aktiven Persönlichkeit auf Dauer. Ehrbarkeit betrifft das ganze Leben, sie endet nicht im Beruf, sondern umfasst jeden Lebensbereich.

DIE TRIEBFEDER FÜR EHRBARES HANDELN STECKT IN DEN MENSCHEN SELBST.

Wenn Sie bei einem Gedanken oder einem Produkt spüren: „Das macht man nicht, das ist nicht in Ordnung ..." dann meldet sich hier eine innere Stimme, Ihr „innerer Kompass". Danach justieren Sie Ihre Handlungen. Dieses „Instrument" muss immer wieder neu ausgerichtet werden. Das Gleichgewicht der Interessen und die Fokussierung auf die eigenen Werte sind die Stellschrauben. Fragestellungen, Herausforderungen, Kunden und Mitarbeiter führen uns in Situationen, die nach dem Maßstab Ehrbarkeit neuerliche Entscheidungen verlangen. Entscheidungsfähig sind Sie oberhalb bestehender gesetzlicher Regelungen, denn in Gesetzen ist geregelt, was Grundvoraussetzung ist. Nur darüber hinaus kann Ehrbarkeit überhaupt stattfinden und der „innere Kompass" die Richtung vorgeben. Ehrbare Versicherungsvermittler sehen das Vertrauen ihrer Kunden und Mitarbeiter als höchstes Gut. Ihr unternehmerischer Erfolg ist durch kaufmännisches Geschick, Fleiß und die Reflexion mit den Tugenden ehrbarer Kaufleute geprägt.

Unsere 10 Tugenden sind einerseits klar und lassen andererseits Spielraum. Sie erfordern kaufmännisches Geschäftsverständnis und ein deutlich auf den Menschen und eine innere Haltung zentriertes Werteverständnis.

EHRBARE KAUFLEUTE SIND NIE AM ZIEL, SIE SIND IMMER AUF DER REISE.
EHRBARKEIT IST WIE KÖRPERLICHE FITNESS EINE KONDITIONIERUNG UND ERFORDERT DAUERNDE ÜBUNG.

Versicherungsvermittler mit diesem Grundverständnis finden ihre Heimat im Verein Ehrbare Versicherungskaufleute. (VEVK.de). 2012 wurde die erste bundesweit organisierte berufsethische Initiative ins Leben gerufen. Modern und werteorientiert in gleichem Maße. Jeder

Mensch sehnt sich danach, bei einem Geschäftsabschluss dem anderen in die Augen blicken zu können, dort zu sehen, „das meint er ehrlich und aufrichtig", ihm die Hand zu reichen und sich darauf verlassen zu können, dass alles was gesagt wurde wahr und haltbar ist.

Versicherungsvermittler sind entscheidend tätig, um den sozialpolitischen Auftrag der Versorgung und Absicherung aller Menschen und Unternehmen in Deutschland zu gewährleisten. Sie tragen mit ihrer Arbeit unmittelbar und langfristig zum Erhalt des sozialen Friedens bei.

EHRBARE VERSICHERUNGSKAUFLEUTE SIND LEUCHTTÜRME DER SOZIALEN MARKTWIRTSCHAFT!

„Local branding" bedeutet für mich Entwicklung, Ausprägung und Kultivierung unternehmerischer Fähigkeiten in der Region. Ehrbarkeit ist dabei eine zwingende Voraussetzung für langfristig stabilen Erfolg!

PETER PIETSCH
PRÄSIDENT DES VEVK IM MAI 2018

„NIEMAND WEISS, WAS IN IHM DRINSTECKT, SOLANGE ER NICHT VERSUCHT, ES HERAUSZUHOLEN."

ERNEST HEMINGWAY

KAPITEL VI

BEGINNEN SIE MIT DER ENTDECKUNGSREISE

ZU IHREN STÄRKEN UND TALENTEN!

Nehmen Sie sich etwas Zeit, lassen Sie den Alltag hinter sich und stellen Sie sich auf eine inspirierende Reise ein.

Wenn Sie nach dem ersten Kapitel entdecken, dass all die Fragen auch interessant für Ihre Mitarbeiter sind, nehmen Sie Ihr Kern-Team mit auf die Reise. Das Ergebnis wird Sie positiv überraschen und reich belohnen.

IHRE INDIVIDUELLEN STÄRKEN UND TALENTE UNTERSCHEIDEN IHRE AGENTUR VON ANDEREN.

Sicher haben Sie sich schon in Ihrer Kindheit und Jugend für bestimmte Themen besonders interessiert. Ihre Eltern oder Lehrer haben verschiedene Talente an Ihnen entdeckt. Einige dieser Talente haben Sie vielleicht dazu veranlasst, den Beruf des Versicherungskaufmanns zu erlernen. Während der Lehr- oder Studienzeit haben Sie neue Stärken entwickelt und wurden dafür vielleicht sogar ausgezeichnet. Welche Stärken waren das genau? Wie haben sich Ihre ursprünglichen Talente und Stärken im Laufe der Jahre weiter entwickelt?

Als Sie sich zur Selbständigkeit entschlossen, haben Sie sich auf Grund teils unbewusster Talente stark genug gefühlt, diesen großen und mutigen Schritt zu wagen. Auf der einen Seite haben Sie Ihre persönlichen Neigungen und Talente betrachtet, auf der anderen Seite die Risiken, die manches wieder in Frage gestellt haben. Auch wenn Sie die Entscheidung immer wieder aufs Neue hinterfragt haben, hat Ihr Vertrauen in sich selbst und in Ihr Können gesiegt. Sie haben daran geglaubt, dass Sie eine Agentur erfolgreich führen können.

Ihr Arbeitsalltag wird heute von vielfältigen Herausforderungen dominiert: kritische Schadensfälle, neue Produkte, neue Gesetze, neue Richtlinien, neue Vorschriften, regelmäßige Weiterbildung, schlechte Nachrichten, Finanzkrise, Termindruck, Umsatzdruck und vieles mehr. Haben Sie dabei noch die Zeit, über die besonderen Stärken Ihrer Person, Ihrer Mitarbeiter und Ihrer Agentur nachzudenken? Wie viel Zeit nehmen Sie sich dafür, eine Strategie für die kommenden Jahre aufzustellen und sie immer wieder zu überprüfen?

Warten Sie nicht länger. Starten Sie eine aufregende Reise zu Ihren Stärken – und genießen Sie die Erkenntnisse und Aha-Momente, die Sie dabei erwarten. Denn das, was Sie in diesem Buch erarbeiten, wird Ihnen nicht nur wichtige, erfolgsentscheidende Entwicklungsschritte ermöglichen, es wird Ihnen vor allem jede Menge Freude und Kraft schenken.

Nutzen Sie dieses Handbuch mit den verschiedenen Beispielen als einen neutralen Reiseführer, der Sie begleitet, während Sie Ihre Stärken und Talente Stück für Stück neu entdecken oder stärken. Nehmen Sie unsere Beispiele als Inspiration, um Ihre eigenen Themen zu bearbeiten. Damit Sie auf dem Weg nichts vergessen, haben wir eine Struktur erarbeitet: Das Ergebnis ist ein Reiseplan mit vielen Aussichtspunkten, an denen es immer etwas über Sie zu entdecken gibt.

Auf der einen Seite werden die Entdeckungen bei den lokalen Erfolgsfaktoren in Produktkompetenz, Beratungskompetenz und Servicekompetenz aufgegliedert. Auf der anderen Seite betrachten wir gezielt, wie Sie durch Ihre Persönlichkeit als Mensch und persönlicher Berater das Leben Ihrer Kunden nachhaltig beeinflussen.

PROFESSIONELLE BERATUNG UND VERANTWORTUNGSVOLLER SERVICE
– LEBEN SIE DAS?

Der Unterschied zwischen einem ehrbaren Kaufmann und einem, „der seinen Job macht", besteht darin, dass sich der ehrbare Kaufmann seiner sozialen Verantwortung bewusst ist und sich dem Interesse seiner Kunden verpflichtet. Viele Kunden wissen das nicht – oder glauben es einfach nicht. Deshalb halten wir das für einen sehr wichtigen Bestandteil der Kommunikation eines jeden Vermittlers.

Liegt Ihre Leidenschaft zum Beispiel in der Beratung über die Absicherung im Alter? Oder verfügen Sie über ein besonderes Expertennetzwerk aus verschiedenen Fachbereichen und können Ihren Kunden somit für jede Lebenssituation die beste Beratung bieten? Ein bestimmtes Schwerpunktthema kann schon ausreichend sein, um Ihr Unternehmen im lokalen Wettbewerb besonders zu positionieren.

Arbeiten Sie in verschiedenen Produktbereichen mit namhaften Versicherern, die eine hohe positive Bekanntheit haben und von deren Leistung Sie auch wirklich überzeugt sind? Dann wissen Sie und Ihre Mitarbeiter über deren Produkte sicher in allen Belangen Bescheid und sind dafür die besten Berater.

Nutzen Sie die Kraft der Marken, die Sie vertreiben. Welche Stärken, welchen Nutzen und welche Werte vertreten sie? Falls es Ihnen nicht im Detail bekannt ist, fragen Sie nach. Sicherlich gibt es Gemeinsamkeiten, die Sie aus voller Überzeugung übernehmen und kommunizieren können.

Sind Sie mit Ihrer Agentur ein Trendsetter, der sich mit den neuesten Produktangeboten intensiv beschäftigt und seine Kunden zukunftsorientiert berät?

Verfügen Sie in Ihrem Team über Spezialisten mit unterschiedlichen, besonderen Erfahrungen und Kenntnissen? Wird das explizit und klar verständlich kommuniziert?

Sind Ihre Mitarbeiter absolut zuverlässig und achten Sie auf kontinuierliche Aus- und Weiterbildung? Zuverlässigkeit und Vertrauenswürdigkeit sind einer der wichtigsten emotionalen Treiber bei der Kaufentscheidung.

Haben Sie Kunden, die Sie schon viele Jahre erfolgreich beraten, und betreuen Sie mittlerweile sogar die zweite Generation dieser Kunden?

Sind diese Kunden in Ihrem lokalen Umfeld bekannt und würden gerne für Sie sprechen?
Nutzen Sie dieses unbezahlbare Empfehlungsmarketing!

langfristig ein Garant für kontinuierliche, zuverlässige Beratung?

Unterstützen Sie lokale, soziale Einrichtungen? Sind Sie im lokalen Vereinsleben aktiv und nehmen Sie an sportlichen Veranstaltungen teil oder unterstützen einen Verein? Lokale, soziale Verantwortung ist gerade in unserer Zeit, in der immer mehr soziale Strukturen zerbrechen, sehr gefragt und für alle wichtig. Lokale Netzwerke bieten gerade angesichts der Anonymisierung durch das Internet und soziale Medien die große Chance, die Menschen im direkten Kontakt als lokale Marke und Persönlichkeit dauerhaft für sich zu gewinnen.

IHRE STÄRKEN ALS MENSCH UND ARBEITGEBER

Das Führen und Motivieren Ihrer Mitarbeiter steht bei Ihnen an erster Stelle?

Sie sind eine erfolgreiche Führungskraft mit einem Team, auf das man sich verlassen kann?

Fordern und fördern gehören für Sie einfach dazu? Bilden Sie aus und übernehmen Sie Ihre Azubis? Auszubildende sind für Sie nicht preiswerte Arbeitskräfte, sondern Ihr Kapital für die Zukunft und für die Kunden

IHRE STÄRKEN, TALENTE & QUALITÄTEN:

Dies sind die faktischen Qualitäten, die Ihr Angebot, Ihr Unternehmen auszeichnen: Warum ist Ihr Angebot wirklich gut oder besser als das der Mitbewerber?
Diese Argumente sprechen vor allem sachlich-analytisch denkende Kundentypen an, die sehr rational entscheiden.

KAPITEL VI

FRAGEN ZU SCHRITT 1:

Nehmen Sie sich etwas Zeit in ruhiger und angenehmer Atmosphäre und beantworten Sie die folgenden Fragen nach diesen Kriterien:
Worin oder womit ist Ihr Unternehmen im Vergleich zum Wettbewerb besonders gut?
Welche Kompetenzen und Stärken zeichnen Ihr Angebot, Ihre Leistung, Ihr Team aus?
Was ist das besondere „Paket", das Kunden in dieser Kombination nur von Ihnen erhalten?
Es geht hier nicht um das allgemeine Leistungsspektrum. Sondern um die Frage:
WARUM ist das, was Sie anbieten, besonders gut? WAS macht Sie aus?

TRAGEN SIE JEWEILS 3-5 STÄRKEN EIN

Was sind Ihre persönlichen Kompetenzen bei der Beratung?

-
-
-
-
-

Was sind Ihre besonderen Stärken im Service?

-
-
-
-
-

Was schätzen Ihre Kunden besonders an Ihnen?

-
-
-
-
-

SCHRITT 1: STÄRKEN UND TALENTE

Was sind Ihre besonderen Stärken und Talente als Vorgesetzter?
(Hier geht es um Ihre Persönlichkeit als Mensch und Arbeitgeber.)

-
-
-
-
-

Welche Eigenschaften zeichnen Sie als Ausbilder aus?

-
-
-
-
-

Verfügen Sie über ein lokales Netzwerk? Wenn ja welches?

Übernehmen Sie soziale Verantwortung? Wenn ja welche?

„VIEL MEHR ALS UNSERE FÄHIGKEITEN SIND ES UNSERE ENTSCHEIDUNGEN, DIE ZEIGEN, WER WIR WIRKLICH SIND."

JOANNE K. ROWLING

KAPITEL VI

WER SIND IHRE KUNDEN UND
WELCHEN NUTZEN BIETEN SIE IHNEN?

SCHRITT 2: KUNDENNUTZEN

Bevor Sie sich mit den Kundenwünschen und -bedürfnissen im Detail befassen, gilt es zuerst einmal, Ihre bestehenden und Ihre zukünftigen Wunschkunden genauer zu analysieren. Die folgenden Beispiele sind nur Anhaltspunkte und haben nicht den Anspruch, eine professionelle Beratung zu ersetzen.

BEGINNEN WIR MIT EINER MÖGLICHEN STRUKTUR DER IST-KUNDEN:

- Personen zwischen 19 und 40 Jahren
- Personen zwischen 40 und 65 Jahren
- Berufseinsteiger
- Familien mit Kindern
- Selbstständige und Unternehmer
- Unternehmen

Berufseinsteiger sind jung und kaufen gerne und häufig im Internet. Sie sind meist hervorragend informiert und wenig loyal gegenüber Dienstleistern. Sie sehen nicht immer die Notwendigkeit einer umfassenden Absicherung oder einer persönlichen Beratung durch einen Vermittler. Selbstständige und Unternehmer haben oft keine Zeit, sich um ihre persönlichen Belange zu kümmern, benötigen aber durchaus eine professionelle Beratung und Unterstützung. Familien mit Kindern und älteren Familienmitgliedern beschäftigen sich überwiegend mit Themen wie Lebensversicherung und Absicherung im Alter.

Innerhalb dieser Kundengruppen stehen Sie noch den verschiedensten Persönlichkeiten gegenüber. Sie begegnen dem

Schnäppchenjäger, dem Misstrauischen, dem Eiligen und dem Stöberer. Es geht also nicht nur darum, die allgemeinen Veränderungen am Markt und Gesetzesänderungen zu berücksichtigen, es geht vor allem darum, die Persönlichkeit, Ansprüche und Befindlichkeiten des Kunden zu erkennen und zu verstehen.

Dabei spielt natürlich auch die Einstellung der Kunden zu Vergleichsportalen im Internet eine große Rolle. Laut Umfragen steigen z.B. die Online-Abschlüsse bei einfachen Produkten wie KFZ-Versicherungen, während bei komplexen Produkten wie Krankenversicherungen oder Lebensversicherungen die Unsicherheit der meisten Kunden zu groß ist, um sich im Internet für ein Produkt zu entscheiden. Dennoch gibt es Kunden, die ihre Finanzexpertise überschätzen. Für Sie als Vermittler ist hier sehr viel Feingefühl erforderlich, um die tatsächlichen Bedürfnisse und Wünsche dieser Kunden zu erkennen und sie entsprechend zu beraten.

Es liegt an Ihrer Professionalität und Glaubwürdigkeit, Ihren Kunden zu beweisen, dass Sie als Berater und Risikomanager für Ihre Kunden tatsächlich unverzichtbar sind. Lassen Sie Ihren Kunden ausreichend Zeit und Möglichkeit, sich im Internet zu informieren. Als echten Mehrwert bieten Sie ihnen aber im persönlichen Gespräch die Informationen und professionelle Beratung, die sie sonst nirgendwo erhalten können.

WELCHE BESONDEREN VORTEILE BIETEN SIE IHREN KUNDEN ALS BERATER UND MENSCH?

WAS IST IHRE PERSÖNLICHE LEIDENSCHAFT UND IHR ANTRIEB, WARUM VERMITTELN SIE VERSICHERUNGEN?

VERFÜGEN SIE ÜBER EIN UNTERNEHMERISCHES SELBSTVERSTÄNDNIS?

NEHMEN SIE NEBEN DEN GESETZLICH VORGESCHRIEBENEN AUCH AN WEITEREN, SPEZIELLEN WEITERBILDUNGEN TEIL?

HABEN SIE ECHTES INTERESSE AN IHREN KUNDEN?

ANALYSIEREN SIE AUFMERKSAM DEREN INDIVIDUELLE LEBENSUMSTÄNDE?

DENKEN SIE VORAUS UND FRAGEN NACH ANSTEHENDEN VERÄNDERUNGEN, WIE STUDIUM, HEIRAT, KINDER, RENTE, FIRMENÜBERNAHME?

BIETEN SIE EINE GANZHEITLICHE, AUF DIE INDIVIDUELLEN LEBENSUMSTÄNDE ANGEPASSTE BERATUNG?

BETREUEN SIE IHRE KUNDEN KONTINUIERLICH UND ÜBERPRÜFEN SIE REGELMÄSSIG DIE AKTUELLE RELEVANZ DER BESTEHENDEN VERSICHERUNGEN?

STELLEN SIE SICHER, DASS IHRE KUNDEN WEDER ÜBER- NOCH UNTERVERSICHERT SIND UND JEDERZEIT ÜBER DEN OPTIMALEN SCHUTZ VERFÜGEN?

UNTERSTÜTZEN SIE IHRE KUNDEN UNKOMPLIZIERT UND ZUVERLÄSSIG BEI DER SCHADENSABWICKLUNG?

Durch Ihr umfassendes Wissen und Verständnis spüren Ihre Kunden die Sicherheit, die unverzichtbar ist, um den optimalen Versicherungsschutz zu erhalten, der ihrer jeweiligen Lebenssituation entspricht. Diese Sicherheit ist im Internet nicht erhältlich – da kann man mit einem Klick viel Geld verlieren – und das müssen Sie Ihren Kunden unmissverständlich klarmachen.

NUTZEN

Das sind die wesentlichen Argumente aus Kundensicht gesehen: Womit machen Sie Ihre Kunden glücklich? Der gefühlte Kundennutzen spielt eine wichtige Rolle bei emotionalen Kaufentscheidungen, daher ist es wichtig, entsprechende Kaufanreize zu senden. Im Marketing ist dies ein ganz wesentlicher Faktor, denn der Mensch entscheidet nicht ganz so rational, wie er es selbst gerne hätte.

FRAGEN ZU SCHRITT 2:

Zu wissen was man gut kann ist eine Seite – jetzt geht es um die Kundensicht:
WAS hat die Welt davon, dass es SIE gibt? Was bieten Sie?
Wofür geben Ihre Kunden Geld aus?
Was hat ein Kunde davon, gerade zu Ihnen zu kommen – und nicht zum Wettbewerb?
Was würde den Menschen fehlen, wenn es Ihr Unternehmen nicht gäbe?
Womit bereiten Sie Ihren Kunden Freude?

Denken Sie konkret z. B. an Kunden der letzten Woche: Wofür gaben diese Menschen eigentlich Geld aus? Meist nicht für das Produkt selbst, sondern das, was sie davon haben. Geht es um Lebensgefühl oder Sicherheit? Oder kam ein Kunde, weil er weiß, er bekommt eine ehrliche Auskunft? Wollte er Hilfe und Orientierung, welches Produkt das Richtige für ihn ist?

> TIPP: Um bei den Kundenwünschen alle Zielgruppen zu berücksichtigen, stellen Sie sich die unterschiedlichen Personengruppen vor und denken Sie über deren Lebensumstände nach. Zum Beispiel bei der Gruppe Familien mit Kindern, Altersklasse 19-40: Einkommen gering, mittel bis hoch oder überdurchschnittlich, Hausbesitzer oder Mietwohnung, besondere Lebensumstände, etc.

Bitte nehmen Sie sich Zeit und tragen Sie pro Frage 3-5 Kundenwünsche ein.

Was wünschen sich Ihre Kunden?

WÄHREND DER BEDARFSERMITTLUNG

•

•

•

•

•

WÄHREND DER ANALYSE DER LEBENSUMSTÄNDE

•

•

•

•

KAPITEL VI

WÄHREND DER AUSWAHL UND ENTSCHEIDUNG FÜR DIE ABSICHERUNG

-
-
-
-
-

Was erwarten Ihre Kunden von Ihnen?

ALS BERATER UND VERMITTLER

-
-
-
-
-

ALS VERTRAUENSPERSON

-
-
-
-

ALS PERSÖNLICHER RISIKOCOACH

-
-
-
-

Wenn Sie die Kundenwünsche erarbeitet haben, dann markieren Sie nun die Wünsche, die Sie bereits erfüllen.

SCHRITT 2: KUNDENNUTZEN

„UM DER KONKURRENZ VORAUS ZU SEIN, MÜSSEN SIE DEN KUNDEN NICHT NUR ZUFRIEDENSTELLEN, SONDERN IHN MIT IHRER LEISTUNG BEGEISTERN."

PHILIP KOTLER

KAPITEL VI

NACH WELCHEN WERTEN HANDELN

SIE ALS MENSCH UND VERSICHERUNGSVERMITTLER?

Das klassische Image eines Versicherungsvertreters ist in vielen Köpfen immer noch schlechter als das eines zwielichtigen Gebrauchtwagenhändlers oder eines Politikers. Das klassische Image eines Versicherungsvertreters ist in vielen Köpfen immer noch schlechter als das eines zwielichtigen Gebrauchtwagenhändlers oder eines Politikers. Man unterstellt Ihnen, dass Sie versuchen ihren Kunden unnötige und teure Versicherungen zu verkaufen, um sich damit höhere Provisionen zu erschleichen und so einen höchst luxuriösen Lebensstil zu finanzieren.[5]

So hat sich zwar bei vielen Verbrauchern ein falsches Bild eingebrannt, aber Sie mit Ihren ganz persönlichen Werten können Ihren Kunden das Gegenteil beweisen. Professionalität, Vertrauenswürdigkeit und echte Empathie machen den entscheidenden Unterschied. Die Mehrzahl der Vermittler definiert sich leider nicht über ihre Beratungsleistung oder die tatsächliche Leistung des angebotenen Produktes – sondern allein über den Preis. Bei Vorschlägen wie: „Unter 200 Versicherer-Angeboten suche ich Ihnen das Billigste raus", bleibt ein positives Kundenerlebnis auf der Strecke. Was der Kunde sucht, ist eine Beratung, die auf einer tatsächlichen Bedarfsermittlung basiert, und ein ehrlicher Preis-Leistungs-Vergleich ohne versteckte Fallen im Kleingedruckten.

DER „EHRBARE KAUFMANN"

„Seit mehreren Jahrhunderten trägt der Versicherungsvermittler dazu bei, dass für den Einzelnen, aber auch für Unternehmen und staatliche Einrichtungen Risiken kalkulierbar sind, dass der Einzelne eine finanzielle Absicherung bei Krankheit, Berufsunfähigkeit und Alter erhält und die staatlich geförderte private Vermögensbildung erfolgreich ist.

Der Versicherungsvermittler handelt als Kaufmann, der durch feststehende und tradierte Tugenden eines ehrbaren Kaufmanns zunächst im Interesse seiner Kunden handelt, dessen Wohl er nicht aus den Augen verliert. Daher bringt der Kunde seinem Versicherungsvermittler ein hohes und auf Dauer angelegtes Vertrauen entgegen."[6]

Ob auf jemanden der Begriff des Ehrbaren Kaufmanns zutraf, das war schon immer, wie der Begriff vermuten lässt, eine Frage der Ehre. In der öffentlichen Wahrnehmung wurden in den vergangenen Jahrzehnten seit dem Beginn der Massenvermarktung der Ehrbare Kaufmann und der Versicherungsvermittler immer seltener miteinander in Verbindung gebracht. Das rücksichtslose Verhalten von einzelnen Versicherern und Vermittlern hat der gesamten Finanzbranche riesigen Schaden zugefügt. Dennoch ist das kein Grund zu resignieren. Jeder Bürger weiß, dass es in unserer Gesellschaft ohne Versicherungen nicht geht. Der kleinste Schaden kann einen in kürzester Zeit ins finanzielle Aus befördern und eine Absicherung im Alter ist ohne professionelle Unterstützung nicht kalkulierbar.

Der Endverbraucher sucht heute wieder echte Menschen und Unternehmer mit Werten, die nicht nur auf dem Papier stehen, sondern die tagtäglich gelebt werden. Eine Studie von Icon Added Value, in der die Endverbraucher den KMUs Ehrlichkeit, Verlässlichkeit, Nachhaltigkeit und andere Werte bestätigt haben und den Konzernen dazu eine echte Absage erteilt haben, zeigt deutlich, dass jetzt Ihre Zeit als werteorientierter Berater und Unternehmer gekommen ist. Nutzen Sie die Gunst der Stunde.

Großunternehmen und Konzerne lassen ihre Werte von externen Berateragenturen entwickeln, passend dazu, was gerade auf dem Markt angesagt ist. Diese Werte werden in Empfangshallen und Kantinen aufgehängt und in allen Medien veröffentlicht – wirklich gelebt werden sie jedoch in den seltensten Fällen. Während die Wirtschaftspresse über die Notwendigkeit von Werten, Visionen und Missionen berichtet und deren Einhaltung predigt, sieht die Wirklichkeit meist anders aus.

[5] Vgl. Jost, Sebastian / Kunz, Anne (2014): Sind Versicherungsvermittler Opfer oder Täter? In: Die Welt, 10.10.2014, unter: https://www.welt.de/finanzen/versicherungen/article133106622/Sind-Versicherungsvermittler-Opfer-oder-Taeter.html (Stand: 29.05.2018).

[6] VEVK (2018): Die 10 Tugenden des ehrbaren Kaufmanns, unter: http://www.vevk.de/die-10-tugenden-der-ehrbaren-kaufleute.html (Stand: 13.05.2018).

Die Regel sind Einsparungsmaßnahmen auf Kosten der Mitarbeiter oder Umorganisationen mit Personalkürzungen. Oder der Versuch, Kunden zu überreden, ihre gut verzinste Lebensversicherung frühzeitig aufzulösen. Ein solches Verhalten hat nichts mit vertrauenswürdigen Werten zu tun.

Ganz anders sieht es bei den meisten Kleinen und Mittelständischen Unternehmen aus: Hier steht der Gründer persönlich für die Werte seines Unternehmens. Kunden und Mitarbeiter können sich auch nach Jahren noch auf ihr Wort verlassen. Für Fehlentscheidungen muss der Unternehmer selbst einstehen und die Konsequenzen tragen. Er kann sich nicht aus der Affäre ziehen und mit einer Millionenabfindung in den Ruhestand verschwinden.

WIE STEHT ES UM IHRE WERTE BEI DER BERATUNG IHRER KUNDEN?

Sind Höflichkeit, Wertschätzung, Ehrlichkeit und Authentizität Werte, die für Sie in Ihrem Verhalten Ihren Kunden gegenüber wichtig sind? Haben die Lösungen, die Sie Ihren Kunden bieten, etwas mit Nachhaltigkeit und der Schaffung von echten Zukunftswerten zu tun? Geben Sie ihnen in der Beratung die Sicherheit, die beste Kaufentscheidung zu treffen? Würden Sie für sich genauso entscheiden, wie Sie es von Ihren Kunden erwarten? Stehen Sie persönlich zu Ihrem Angebot? Gehört es zu Ihren Werten, den Kunden mehr zu bieten als sie erwarten, sie positiv zu überraschen?

SIND IHNEN VERLÄSSLICHKEIT UND RESPEKT WICHTIG?

Wie halten Sie es mit Offenheit (Transparenz) und absoluter Zuverlässigkeit Ihren Kunden gegenüber? Welches Verhalten von Mitarbeitern würden Sie unter gar keinen Umständen dulden? Erfahren Ihre Mitarbeiter Respekt und Wertschätzung von Ihnen? Gehört Fordern und Fördern zu Ihrem Denken und Handeln? Ist die Verantwortung für Ihre Auszubildenden und Mitarbeiter ein besonderer Wert für Sie? Gehört es zu Ihren Zielen und Werten, Ihre Agentur für die nächste Generation zu erhalten, zu sichern und zu entwickeln?

Der „Ehrbare Kaufmann", geprägt durch Kompetenz, Unternehmertum und ethische Grundlage des Handelns

ÜBERNEHMEN SIE SOZIALE VERANTWORTUNG?

Sind Sie in Ihrem Ort bei Vereinen oder sozialen Einrichtungen aktiv tätig und übernehmen somit als Unternehmer auch eine lokale soziale Verantwortung? Das ist heute nicht mehr selbstverständlich. Deshalb sollten Sie es genau beschreiben und daraus weitere Werte ableiten, die Sie stolz kommunizieren können.

Nehmen Sie sich gerade für diese Fragen viel Zeit und Muße. Sie werden positiv überrascht sein, nach welchen Werten Sie bereits handeln. Diese Erkenntnis stärkt das eigene Selbstbewusstsein.

Wenn Sie Ihre Werte in Ihrer täglichen Kommunikation unter Beweis stellen, werden sich Ihre Mitbürger und Kunden mit persönlicher Achtung und Wertschätzung bedanken und Sie mit einem guten Gefühl weiterempfehlen.

WERTE

- **FÖRDERN VERTRAUEN UND MOTIVATION**
- **FÖRDERN DIE LOYALITÄT DER MITARBEITER**
- **FÖRDERN DIE REPUTATION UND GLAUBWÜRDIGKEIT DES UNTERNEHMENS**
- **SIND SINNSTIFTEND**

Unsere Werte sind, vielfach unbemerkt, die Grundlage unseres Handelns und bestimmen bei Kunden den „Sympathiefaktor", denn über sie wird die „Persönlichkeit" sichtbar. Werden sie glaubhaft gelebt und kommuniziert, wirken sie sinnstiftend. Und sie sind gleichzeitig die Grundlage Ihrer Unternehmensphilosophie.

KAPITEL VI

FRAGEN ZU SCHRITT 3:
Werte bestimmen den Charakter eines Unternehmens – wie bei Menschen die Persönlichkeit. Denn Wertvorstellungen sind die Grundlage unseres Handelns. Überlegen Sie hier, welche Eigenschaften und Verhaltensweisen ziehen sich wie ein „roter Faden" durch die Agentur und das Team?

Was sind die oft „ungeschriebenen" Gesetze, nach denen Ihre Agentur „tickt"?

> TIPP: Werte entdeckt man leichter, wenn man sich überlegt, was GAR NICHT geht. Welche Verhaltensweisen würden in Ihrer Agentur unter keinen Umständen geduldet? Einerseits von der Geschäftsführung aus, auf der anderen Seite im Team? Das Gegenteil einer solchen Verhaltensweise ist der dahinter versteckte Wert. Wer sich zum Beispiel daran stört, dass Menschen unpünktlich sind, ärgert sich, weil ihm Pünktlichkeit wichtig ist. Und warum ist ihm Pünktlichkeit wichtig? Weil es respektlos ist? Dann ist Respekt vor anderen Menschen der Wert, der hier eingetragen wird. Oder ist Unpünktlichkeit ein Zeichen, dass ein Mensch unzuverlässig ist? Dann wäre Zuverlässigkeit bzw. Einhalten von Vereinbarungen der Wert dahinter.

Bitte nehmen Sie sich Zeit und tragen Sie pro Frage 3-5 Werte ein

Worauf legen Sie besonderen Wert?

BEI DER BERATUNG IHRER KUNDEN

-
-
-
-
-

ALS VERTRAUENSPERSON FÜR IHRE KUNDEN

-
-
-
-
-

SCHRITT 3: WERTE

KAPITEL VI

ALS PERSÖNLICHER RISIKOCOACH IHRER KUNDEN

-
-
-
-
-

BEI DER FÜHRUNG IHRER MITARBEITER

-
-
-
-
-

BEI DER AUSRICHTUNG IHRER UNTERNEHMENSSTRATEGIE

-
-
-
-
-

BEI DER VERANTWORTUNG ALS LOKALER UNTERNEHMER

-
-
-
-
-

SCHRITT 3: WERTE

„WER NICHT WEISS, WOHIN ER WILL, DARF SICH NICHT WUNDERN, WENN ER WOANDERS ANKOMMT."

MARK TWAIN

KAPITEL VI

IHRE STÄRKEN, NUTZEN UND WERTE SIND FORMULIERT.

NUN MÜSSEN SIE ES NUR NOCH KOMMUNIZIEREN UND BEWEISEN.

In einer Zeit, in der wir täglich von unzähligen Werbebotschaften und Werbeversprechen überflutet werden, muss man sich bewusst von der Masse abheben und überraschend MERKwürdig sein.

Sie müssen in Ihrer gesamten Außenkommunikation klare, deutliche Akzente setzen, die der Kunde bewusst wahrnimmt und erlebt. Es reicht nicht, eine blumige Sprache auf der Website oder den sozialen Medien zu platzieren. Sie als Persönlichkeit mit Ihrem Auftreten, Ihrem Handeln und Ihrer Authentizität sind gefordert.

Da ist zum Beispiel die „Versicherungstante", die ihren Kunden selbstgemachte Marmelade zum Termin mitbringt, ausreichend Zeit einplant, genau zuhört und interessiert nachfragt. Sie ist das genaue Gegenteil des typischen Verkäufers, der in Anzug und Krawatte unnahbar und im schlimmsten Fall arrogant erscheint, um den Kunden so schnell wie möglich zur Unterschrift zu überreden.

WICHTIG, WICHTIGER AM WICHTIGSTEN: EHRLICHKEIT UND ZUVERLÄSSIGKEIT!

Für Yves Haas sind Ehrlichkeit und Zuverlässigkeit die entscheidenden Faktoren für den Erfolg seiner Agentur: „Wenn es um Geld geht sind diese Werte mehr denn je gefragt und notwendig. Denn letztlich geht es um die Existenz meiner Kunden. Verlassen kann man sich nur auf Menschen, die Zusagen einhalten und zu ihrem Wort stehen." Wie kann man das beweisen? Wenn einmal etwas bei einer Beratung übersehen wurde und ein Fehler passiert ist, versucht man nicht, sich rauszureden und den Fehler auf andere zu schieben. Man gibt den Fehler vielmehr offen zu und sucht sofort nach einer Lösung.

Die eigenen Markenversprechen täglich zu leben und zu beweisen ist eine dauernde Herausforderung für uns alle. Und wenn Sie Ihre Markenversprechen noch stärker bei Ihren Kunden verankern wollen, dann macht z.B. Jürgen Linsenmaier mit seinem Buch „70mal Reputation auslösen" (2014) Lust darauf, ohne große Kosten das Markenversprechen nicht nur einzuhalten, sondern darüber hinaus Ihre Kunden richtig zu überraschen.

Hier zwei kurze Beispiele aus seinem Buch:

Der einfachste Beweis ist die Referenz zufriedener Kunden. Rufen Sie einen Kunden an, mit dem Sie erst kürzlich eine Police abgeschlossen haben. Fragen Sie nach, ob er mit der Abwicklung zufrieden war und ob er bereit ist, Ihnen eine schriftliche Referenz zu geben, die Sie auf Ihrer Website sowie in den Sozialen Medien – Facebook, XING etc. – verwenden dürfen. Der Empfehlungstext muss nicht lang sein. Es reicht vollkommen aus, wenn der Kunde drei bis vier Fragen beantwortet und die Zufriedenheit bewertet.

Führen Sie „Regeln" ein. Zum Beispiel die umgehende Beantwortung von eMails oder anderen Anfragen. Dabei sollten Sie die Erwartungen nicht zu hoch stecken – überlegen Sie sich in welchem Zeitraum (z.B. 24 Stunden) Sie wirklich antworten können und legen Sie dies als generelle Regel fest, an die sich auch die Mitarbeiter halten. Diesen „Service" können Sie dann aktiv kommunizieren und Ihre Glaubwürdigkeit beweisen.

KAPITEL VI

FRAGEN ZU SCHRITT 4:
Bitte tragen Sie hier Ihre entdeckten und die zukünftig geplanten Beweise ein, mit denen Sie Ihre Stärken, Ihren Nutzen und Ihre Werte erlebbar machen.

Bitte nehmen Sie sich Zeit und tragen Sie bei jeder Frage 3-5 Beweise ein

Welche Beweise erbringen Sie schon heute?

BEI DER BERATUNG IHRER KUNDEN

-
-
-

ALS VERTRAUENSPERSON FÜR IHRE KUNDEN

-
-
-

ALS PERSÖNLICHER RISIKOCOACH IHRER KUNDEN

-
-
-

BEI DER FÜHRUNG IHRER MITARBEITER

-
-
-

BEI DER AUSRICHTUNG IHRER UNTERNEHMENSSTRATEGIE

-
-
-

BEI DER VERANTWORTUNG ALS LOKALER UNTERNEHMER

-
-
-

Welche Beweise planen Sie in naher Zukunft?

BEI DER BERATUNG IHRER KUNDEN

-
-
-

ALS VERTRAUENSPERSON FÜR IHRE KUNDEN

-
-
-

ALS PERSÖNLICHER RISIKOCOACH IHRER KUNDEN

-
-
-

BEI DER FÜHRUNG IHRER MITARBEITER

-
-
-

BEI DER AUSRICHTUNG IHRER UNTERNEHMENSSTRATEGIE

-
-
-

BEI DER VERANTWORTUNG ALS LOKALER UNTERNEHMER

-
-
-

KAPITEL VI

5

IHRE AGENTUR IN KURZFORM,
FÜR JEDEN EINFACH,
KLAR UND VERSTÄNDLICH!

WAS WIR TUN.
WIE WIR HANDELN.
WAS UNS AUSMACHT.

WIE FÜHLEN SIE SICH?

HABEN SIE NEUE ERKENNTNISSE GEWONNEN?

KÖNNEN SIE UND IHRE MITARBEITER DIE DREI ZENTRALEN FRAGEN BEANTWORTEN, OHNE LANGE NACHZUDENKEN?

In den letzten Kapiteln haben Sie einiges über sich und Ihre Agentur entdeckt, erarbeitet und zu Papier gebracht. Wir hoffen, dass Sie dabei viel Positives gefunden haben, es also Bereiche gibt, in denen Ihre persönliche Ampel schon auf Grün steht. Wo dies noch nicht der Fall ist, hoffen wir, dass Sie motiviert sind, die positiven Ergebnisse aus den Übungen in Ihre tägliche Arbeit und in die Kommunikation zu Kunden, Mitarbeitern und Interessenten zu integrieren.

Um diese Kommunikation zu entwickeln, sind noch einmal Sie gefragt: Versuchen Sie, Ihre Stärken und Qualitäten, Ihren Nutzen und Ihre Werte in zwei oder drei Sätzen zusammenzufassen. Das ist ohne die Hilfestellung durch einen Coach eine der größten Herausforderungen. Dieses Handbuch hat nicht den Anspruch, ein professionelles Coaching zu ersetzen, aber es soll Ihnen einen Vorgeschmack dessen geben, was ein lokales Markencoaching bieten kann. Trauen Sie sich einfach und legen Sie los.

KAPITEL VI

Als kleine Hilfestellung und Beispiel finden Sie hier die selbst formulierten Markenwerte und das Versprechen von Andreas Lutz, Versicherungsagentur der Versicherungskammer Bayern in Trostberg:

An dieser Stelle: Herzlichen Dank an Andreas Lutz für die Erlaubnis, diese Ergebnisse hier zu veröffentlichen.

ANDREAS LUTZ

WER WIR SIND
DAS SIND UNSERE WICHTIGSTEN STÄRKEN UND FÄHIGKEITEN

Die Agentur ist beständig seit 1978 am Markt, wird heute von Andreas Lutz in zweiter Generation geführt, das Team besteht ausschließlich aus Mitarbeitern, die ihr Handwerk mit „Gesellenbrief" gelernt haben.

Ihr Ziel: Kompliziertes einfach machen.
Denn worum geht es im Kern? Um Sicherheit vor Altersarmut und finanziellem Ruin im Ernstfall.

Sie tun das lokal und regional auf ihre eigene Art und Weise:
Bayrisch bodenständig, möglichst pragmatisch ausgerichtet, mit eigenem Auftritt.

WAS WIR BIETEN
WELCHEN NUTZEN BIETEN WIR?

Das Team macht es den Kunden einfach und entlastet sie so gut wie möglich: Egal ob einzelne Versicherung oder „all-inclusive" mit allen Themen – warum sich selber kümmern, wenn der Lutz das macht?

Man bekommt mehr Leistung für sein Geld: Sie nehmen Schreibkram ab, entlasten mich ganz praktisch, helfen weiter, schnell und pragmatisch, sind jederzeit für ihre Kunden da, auch zu Hause, wenn es brennt. Man erhält fundierte und klare Auskunft, wird professionell und ehrlich beraten.

Kurz: Beim Lutz hat man ehrlich das Gefühl, dass es passt.

KAPITEL VI

ZIELE

GLEICHMÄSSIGE NUTZUNG ALLER DREI BEREICHE

Auf dem Weg hin zu einer lokalen Marke, zu einer klaren Positionierung im Wettbewerb, gilt es, alle drei Bereiche nach außen sichtbar zu machen. Im ersten Schritt vermutlich in groben Zügen, später kann man Stück für Stück weiter ins Detail gehen.

Gleichzeitig ist Ihre Identität eine Art Rahmen: Wenn Sie Werbemaßnahmen prüfen, stellen Sie sich künftig folgende Frage: Werden mit der Maßnahme wichtige Aspekte der drei Bereiche Ihrer Identität sichtbar oder gestärkt? Nein? Dann ist es vermutlich sinnvoller, das Geld in eine andere Maßnahme zu investieren.

So stellen Sie auf einfache Weise künftig sicher, dass Ihre Werbung zielgerichtet ist und sich damit besser auszahlt.

WIE WIR HANDELN
NACH DIESEN WERTEN HANDELN WIR

Die Grundsätze unseres Handelns sind:
Ehrlichkeit. Denn das schafft Klarheit, Zuverlässigkeit, Ordnung und auch Konsequenz.

Respekt und Hilfsbereitschaft:
Dazu gehören Höflichkeit, Anstand und die Bereitschaft, Verantwortung zu übernehmen.

Und mia hau'n gern nei!
Unser Ziel:
Effizientes Arbeiten, weniger ist mehr und Stillstand Rückschritt. Spaß an der Arbeit muss und darf sein, denn er sorgt für Schwung, proaktives Handeln und Engagement.

FRAGEN ZU SCHRITT 5:
Bitte tragen Sie hier eine kurze Zusammenfassung zu folgenden Fragen ein:

STÄRKEN: Wer wir sind
`DAS SIND UNSERE WICHTIGSTEN STÄRKEN UND FÄHIGKEITEN`

NUTZEN: Was wir bieten
`DIESEN NUTZEN BIETEN WIR`

WERTE: Wie wir handeln

NACH DIESEN WERTEN HANDELN WIR

„FÜR DAS KÖNNEN GIBT ES NUR EINEN BEWEIS: DAS TUN."

MARIE VON EBNER-ESCHENBACH

KAPITEL VI

WO SEHEN SIE SICH UND IHRE AGENTUR IN FÜNF JAHREN?
FORMULIEREN SIE IHRE VISION.

DIE VISION - EIN BILD DESSEN, WAS EINE ORGANISATION SEIN KÖNNTE UND SOLLTE

Eine Vision ist die motivierende, positiv formulierte Vorstellung des Zustandes, den Sie mit Ihrer Agentur in Zukunft erreichen wollen. Mit einer Vision geben Sie die Richtung vor, in die sich Ihre Agentur entwickeln soll. Die Vision drückt aus, wo und wofür Sie in Zukunft stehen wollen.

BEI EINER VISION GEHT ES NICHT UM GELD – ES GEHT UM EMOTIONEN

Eine Vision umfasst weit mehr als rein wirtschaftliche Ziele. Es geht darum, wie Sie sich Ihre Agentur in fünf Jahren vorstellen: Was wünschen Sie sich? Formulieren Sie einen Traum – aber keine Illusion. Um die Vision zu bestimmen, beschreiben Sie zusammen mit Ihren Mitarbeitern Ihre Ziele und Wünsche. Gehen Sie sehr sorgfältig vor und behalten Sie Ihre Werte im Auge.

KAPITEL VI

BEANTWORTEN SIE GEMEINSAM DIESE FRAGEN:

Wohin wollen wir gehen?

Wann wollen wir dort ankommen?

Wie wollen wir uns fühlen, wenn wir es erreicht haben?

Wie wollen wir, dass die Welt aussieht, wenn wir unsere Vision erreicht haben?

Welche Werte treiben uns an?

WICHTIG:

Verwenden Sie eine konkrete Beschreibung, die wenig Raum für Interpretationen liefert

Seien Sie ehrgeizig – die Vision darf aufregend sein

Aber denken Sie daran, dass die Vision auch erreichbar sein muss

Halten Sie sich kurz – die Vision braucht nur 2-3 Sätze

Halten Sie die Ergebnisse auf einem Flipchart fest und hängen Sie sie für alle gut sichtbar im Büro auf. Sie dürfen auch gerne Bilder zeichnen. Das Ergebnis wird Sie und Ihr Team motivieren und begeistern. Die Vision stärkt Sie und Ihr Team, sie gibt Ihnen Kraft, Energie und Durchhaltevermögen. Und – sie ist die Grundlage für die Entwicklung Ihrer Unternehmensstrategie. Anhand der Vision können Sie einzelne Ziele erarbeiten und Maßnahmen definieren, um diese Einzelziele Schritt für Schritt zu erreichen. Feiern Sie die Zwischenerfolge auf dem Weg zur Vision gemeinsam mit dem Team. Dies sichert die Motivation dranzubleiben!

Die Vision wird auch Ihren persönlichen Lebensweg und Ihre Lebensqualität positiv beeinflussen.

VISION

Die Vision ist das Herz des Unternehmens. Von ihr gehen alle Impulse aus, sie ist die Basis und der Leitfaden für die weitere Entwicklung des Unternehmens. Die Vision ist die konkrete Vorstellung davon, wo der Weg hinführen soll.

BEISPIELE:

UNSERE LOKALE MARKTSTELLUNG UND POSITIONIERUNG: Durch unsere professionelle, ganzheitliche und zuverlässige Beratung hat die Versicherungsbranche wieder einen guten Ruf erhalten.

UNSERE MITARBEITER haben die besten Ausbildungen absolviert und sind die angesehensten Risikocoaches.

IN MEINER REGION WERDE ich als vertrauensvoller und innovativer Agenturinhaber für unsere besonderen Beratungsleistungen geschätzt.

SCHRITT 6: VISION

KAPITEL VI

FRAGEN ZU SCHRITT 6:
Ihre Fünf-Jahres-Vision. Bitte tragen Sie hier die Ziele ein, die Sie in den nächsten fünf Jahren erreichen wollen.

Meine lokale Marktstellung und Positionierung

-
-
-
-
-

Meine Finanzsituation

-
-
-
-
-
-

Meine Mitarbeiter

-
-
-
-
-

Mein Ansehen als Arbeitgeber

IN BEZUG AUF IHRE LOKALEN NETZWERKE

-
-
-
-
-
-
-

IN BEZUG AUF IHRE PERSÖNLICHE SITUATION

-
-
-
-
-
-
-

IN BEZUG AUF IHR ANSEHEN ALS UNTERNEHMER

-
-
-
-
-
-
-

„DAS GEHEIMNIS DES ERFOLGS? ANDERS SEIN ALS DIE ANDEREN."

WOODY ALLEN

KAPITEL VII

WIE GEHT ES WEITER?

WAS TUN MIT IHREM NEU ERWECKTEN STOLZ UND ALL DEN ERKENNTNISSEN ZU STÄRKEN, NUTZEN, WERTEN UND DER VISION?

Wir hoffen, es hat Ihnen Spaß gemacht, die vorherigen Kapitel durchzuarbeiten und dabei Ihre persönlichen Themen zu beleuchten und zu entdecken.

Es ist unser großer Wunsch, dass Sie am Ende dieses Buches mit strahlenden Augen und neuem Stolz auf Ihre Agentur blicken und die gewonnenen Erkenntnisse möglichst schon ab morgen schrittweise in Ihrem Arbeitsalltag einsetzen.

Und auch wenn Sie selbst nicht ganz durchgekommen sein sollten, Ihnen aber in Bezug auf die bevorstehenden Chancen jetzt eine große grüne Lampe leuchtet, dann gibt es Lösungsansätze und Unterstützung für Sie.

Wie schon zu Anfang gesagt, kann das Buch kein professionelles Coaching zur lokalen Marke ersetzen. Es kann Ihnen aber Möglichkeiten aufzeigen, wie man als mittelständische Agentur zur erfolgreichen lokalen Marke wird. Mit diesem Handbuch sind Sie selbst die ersten Schritte gegangen und haben so eine Grundlage geschaffen für ein mögliches weiteres Vorgehen zusammen mit Spezialisten für die Entwicklung lokaler Marken.

DER WERBETHERAPEUT UND BUCHAUTOR ALOIS GMEINER ZUR AKTUELLEN SITUATION DER MAKLER UND WIE SIE DIESE GEGEBENENFALLS VERBESSERN KÖNNEN:

Ein Marketing Überlebenstipp für Versicherungsmakler vom Werbetherapeut und Buchautor Alois Gmeiner: „Machen Sie möglichst vieles anders als die Anderen!"[7] Damit meint er nicht nur die Produkte zu verkaufen, sondern sich mit dem Kunden und seinen Bedürfnissen intensiv auseinanderzusetzen. Denken Sie darüber nach, wie Sie ihren Kunden helfen können und wie Sie zum Problemlöser werden. Damit andere Kunden auch davon erfahren und profitieren können, sollten Sie nicht vergessen dafür in eigener Sache zu werben – laut, außergewöhnlich und nachhaltig. Ein weiterer Tipp von Herrn Gmeiner: „Suchen Sie Ihren eigenen einzigartigen Weg!"[8]

[7,8] Gmeiner, Alois: Marketing Überlebenstipps für Versicherungsmakler (2017). In: Versicherungswirtschaft heute, Online-Ausgabe / unter: http://versicherungswirtschaft-heute.de/maerkte-vertrieb/marketing-uberlebenstipps-fur-versicherungsmakler/ (Stand: 17.03.2018).

KAPITEL VIII

ZWEI MARKEN UND EINE INSZENIERUNG: MARKENSYMBIOSE ZWISCHEN VERMITTLER UND VERSICHERER

Eine Marke entsteht nicht alleine über das einheitliche Erscheinungsbild (die Corporate Identity), sondern durch die Emotion, die sie bei den Menschen auslöst: Für welche Werte steht die Agentur? Wofür ist sie bei den Menschen in der Region bekannt? Ist die Wahrnehmung der Agentur im Gleichklang mit der Versicherungsgesellschaft, die sie vertritt?

Die Identität – die in einem Markencoaching erarbeitet werden kann – ist der Rahmen, an dem man sich orientieren kann: Sie umfasst die wesentlichen Stärken, das Nutzenversprechen und die Werte. Diese drei Bereiche müssen gleichermaßen kontinuierlich kommuniziert und sichtbar gemacht werden. Im Coaching werden konkrete Maßnahmen entwickelt, mit denen sich die Agentur als lokale Marke positionieren kann. Dabei werden auch das Team und dessen Wünsche und Herausforderungen mit einbezogen. Gemeinsam werden Aktivitäten beschlossen, konkret geplant und – sehr wichtig – auch durchgeführt.

Wie sich die Ergebnisse solch eines lokalen Markencoachings auf die vorgegebenen Kommunikationsmittel der Versicherungsgesellschaft auswirken können, zeigt das folgende Beispiel der Schollmeier Assekuranz in Viernheim:

„VERSICHERN HEISST VERSTEHEN"

„Mit diesem Slogan bewirbt nicht nur die ERGO Group den Unternehmensnamen ERGO, das beschreibt exakt auch die Arbeitsweise unseres Büros," heißt es auf der Webseite der Assekuranz Schollmeier. Die perfekte Markensymbiose zwischen Vermittler und Versicherer. Aber ist das wirklich so?

Gemeinsam mit seiner Frau und seinem Geschäftsstellenleiter erklärte sich Herr Dieter Schollmeier bereit, ein lokales Markencoaching durchzuführen. Die bisherigen Slogans wurden neu überdacht. Dabei wurden die Wünsche und Herausforderungen des gesamten Teams berücksichtigt.

Die Schollmeier Assekuranz e. K. wurde von Dieter Schollmeier 1987 in Viernheim gegründet. Heute zählt das Unternehmen zu den größten Agenturen der ERGO Beratung und Vertrieb AG. Neben der Unternehmensführung der Assekuranz ist Herr Schollmeier in verschiedenen Bereichen und Organisationen tätig:

- Seit 2003 Vorsitzender des Interessenverbands der selbstständigen Versicherungskaufleute des ERGO-Konzerns (VVE e. V.)
  Hier vertritt er mit großem Einsatz die Interessen seiner Kollegen.
- Seit 2013 Lehrbeauftragter an der Dualen Hochschule Baden-Württemberg in Heidenheim
- Seit 2015 Präsidialrat der BVK e.V.
- Seit 2016 Mitglied des Aufsichtsrates der ERGO Beratung und Vertrieb AG

Als Interessenvertreter beider Seiten – einerseits als Inhaber einer Assekuranz und andererseits als Aufsichtsrat des Versicherers – war das Coaching für alle eine besondere Herausforderung.

DIE FRAGEN:

- Wofür steht die Assekuranz Schollmeier?
- Wofür soll sie bekannt sein bei den Menschen in der Region?
- Nach welchen Werten handeln Sie?

Die Fragen (oben) mussten zunächst vollkommen unabhängig vom Versicherungsunternehmen ERGO erarbeitet werden.

Nach dem Coaching wurde das erarbeitete Markenversprechen der Assekuranz mit der ERGO-Konzern-Philosophie auf Übereinstimmung geprüft und die Markensymbiose bestätigt.

DIE ERGEBNISSE AUS DEM LOKALEN MARKENCOACHING:

Diese Identität ist der „Markenkern". Er dient als Leitlinie und Briefing für den Local Branding Texter zur weiteren Verwendung für sämtliche Kommunikationskanäle. Der Vermittler und seine Agentur werden somit nicht auf ein Stempelfeld im Corporate Auftritt des Versicherers reduziert, sondern gleichberechtigt als eigene Marke erkannt.

SO WERDEN ZWEI MARKEN EINHEITLICH INSZENIERT – ZUM VORTEIL BEIDER SEITEN.

Wir bedanken uns an dieser Stelle bei Herrn Schollmeier und seinem Team für die Teilnahme am Markencoaching und die Erlaubnis, die Ergebnisse hier in diesem Buch zu veröffentlichen.

ASSEKURANZ
DIETER SCHOLLMEIER
Zuverlässigkeit. Qualität. Kontinuität.

WER SIND WIR
UNSERE STÄRKEN
Wir sind ein Team qualifizierter Versicherungsspezialisten – 30 Jahre Kontinuität und Zuverlässigkeit in der Metropolregion Rhein-Neckar

WAS TUN WIR
UNSER NUTZENVERSPRECHEN AN DIE KUNDEN
Stets gleichbleibender Service, geprägt von Zuverlässigkeit und Qualität – persönlich und ganz in Ihrer Nähe

WIE HANDELN WIR
UNSERE WERTE UND PHILOSOPHIE
Ehrbar und nachhaltig

„SEI EINE ERSTKLASSIGE AUSGABE DEINER SELBST, KEINE ZWEITKLASSIGE VON JEMAND ANDEREM."

JUDY GARLAND

KAPITEL IX

LIEBE LESERINNEN UND LESER,

gestatten Sie mir am Ende eines hoffentlich für Sie spannenden und inspirierenden Buches ein paar Worte als langjähriger Beobachter der Versicherungsszene, der einen großen Teil seiner beruflichen Laufbahn mit Projekten zur Markenstrategie von Versicherungsgesellschaften verbracht hat und in den Zentralen eben dieser ein- und ausgegangen ist.

Ja, Versicherungen gelten per se nicht als „sexy". Da haben Autos oder Mode klare Vorteile. Aber sind Waschmittel oder Klopapier dagegen „sexier"? Und genauso verhält es sich meiner Meinung nach mit dem Schlagwort „digital": Sobald es in den Mund genommen wird, hört jeder zu. Aber das liegt nicht zwingend daran, dass „digital" per se besser ist als „analog", sondern dass man das Neue schnell als „sexy" empfindet, weil man damit die Hoffnung verbindet, am Fortschritt teilzuhaben, oder weil man Angst hat, diesen zu verpassen und dadurch einen Nachteil zu erleiden. Und das sind tatsächlich die entscheidenden Fragen, an denen digitale Entwicklungen oft scheitern: „Was ist der dauerhafte Nutzen davon? Worin steckt wirklich ein Vorteil für meine Anforderungen und wo nicht? Wo kann ich meinen Kunden einen klaren Nutzen bieten und damit auch meine Geschäftssituation verbessern?"

Digitale Prozesse sind zunächst mal eins: Schnell kopierbar. Menschen sind es nicht. Menschen sind individuell. Versicherungen mögen nicht sexy sein, aber sie sind wichtig für den Einzelnen. Damit man das Leben auch dauerhaft genießen kann. Mit Risiken und lästigen Prozessen will man sich dabei nicht beschäftigen, man will sie eingedämmt bzw. organisiert wissen. Wer einem dabei hilft, erobert die Herzen der Menschen. Das kann mal eine gut gemachte App sein, das kann aber auch der vertraute Versicherungsvermittler um die Ecke mit emotionaler Intelligenz sein. Ein Kampf der Konzepte sozusagen. Wer hat wo die Nase vorne oder den längeren Atem? Nun, das ist situationsbedingt. Generell gilt, dass der Versicherungsvermittler, der eine klare Vorstellung seines Geschäfts und feste Prinzipien hat, gute Chancen hat zu bestehen und zu wissen, wo digitale Komponenten in seinem Angebot Platz haben.

Erst die Klarheit verleiht einem Berater ein selbstbewusstes Auftreten und homogenes Verhalten im Betrieb, der von mehreren Persönlichkeiten geprägt wird. Das klingt trivial, ist es aber nicht. Wenn ich meinen Kunden „Leidenschaft" verspreche, wie soll diese Leidenschaft denn aussehen? Ist damit ein aufopferndes, selbstloses Kümmern um die Belange des Kunden gemeint oder eher ein souveränes, aber detailverliebtes Durchforsten von Lösungen seiner Probleme? Beide Konzepte entstammen dem gleichen Anspruch, erfordern jedoch einen komplett unterschiedlichen Außenauftritt.

Daher ermutige ich Sie dazu, sich mit Ihren Wurzeln, Ihren Talenten, Ihrem Charakter, Ihrem Anspruch und Ihren Zielen systematisch auseinanderzusetzen, um eine klare, einzigartige, aber gleichzeitig relevante und stimmige Präsenz in Ihrem Zielmarkt umzusetzen. Nehmen Sie sich Zeit für diese Überlegungen. Damit Marke, Vermittler und Kunde eine Einheit bilden und ein gutes Gefühl für alle Beteiligten hinterlassen. Symbiotisch eben. Keine leichte Aufgabe, aber eine lohnenswerte.

Ich wünsche Ihnen viel Erfolg dabei!

JÜRGEN BREITINGER
MANAGING DIRECTOR, KANTAR ADDED VALUE, NÜRNBERG

„MAN MUSS MIT DEN RICHTIGEN LEUTEN ZUSAMMENARBEITEN, SIE ACHTEN UND MOTIVIEREN. DAUERHAFTER ERFOLG IST NUR IM TEAM MÖGLICH."

KLAUS STEILMANN

KAPITEL X

DIE AUTOREN

PEGGY KAAS
LOCAL BRANDING

Peggy Kaas hat sich mit 19 Jahren nach Kalifornien (USA) aufgemacht, um neben einem Marketing-Studium und verschiedenen Trainee-Tätigkeiten Land und Leute kennenzulernen. Nach sieben Jahren ist sie zurück ins deutsche Schwabenland gezogen.

Zu Hause angekommen, startete sie ihre berufliche Karriere im Marketing eines amerikanischen Großkonzerns. Als Mutter von drei Kindern wagte sie 1990 den Schritt in die Selbständigkeit. Der Start als Einzelkämpferin war hart und von vielen Höhen und Tiefen geprägt. Der Wechsel vom Auftraggeber im Großkonzern zum Auftragnehmer als Kleingewerbe war eine echte Herausforderung. Zuvor war sie jahrelang in der angenehmen Position, mit ausreichend Budget und einem gesicherten Gehalt Agenturen auszusuchen und zu beauftragen. Als selbstständige Marketing-Freelancerin befand sie sich plötzlich auf der anderen Seite des Konferenztisches und musste hart um jeden Auftrag kämpfen.

Nachdem sie beide Seiten des „Business" mit allen Vor- und Nachteilen kennengelernt hatte, führte sie ihr unermüdlicher Drang, Neues und Unbekanntes zu erfahren, zu einem weiteren Abenteuer. Sie wollte nicht nur ihre persönliche Entwicklung weiter vorantreiben, sie wollte auch Motivator und Unterstützer für Andere werden. Sie gründete eine GmbH für Marketing und Event Management, absolvierte eine Vielzahl an Coaching-Ausbildungen und beschäftigte sich mit den Grundlagen der Psychologie. Heute zählen Zertifikate und Abschlüsse von verschiedenen Weiterbildungen zu ihrem Portfolio: Systemischer Business Coach, Mental Coach, Mental Trainer, Hypnose und Reiki 2. Grad.

2014 bis 2016 unterstützte sie die Local Branding Expert Group als Geschäftsführerin, heute ist sie Consulting Partnerin der LBEG mit Fokus auf die Versicherungsbranche. Ihr persönliches Motto: „Weil das schönste Projekt das Leben ist."

JÜRGEN RUCKDESCHEL
LOCAL BRANDING

Jürgen Ruckdeschel, der als Sohn eines Schriftsetzermeisters geboren wurde, entschied sich sehr früh, den Beruf des Druckers zu erlernen. Mit 21 Jahren gestartet, eine klare Vision und unternehmerische Leidenschaft im Gepäck, baute er den väterlichen Betrieb in zehn Jahren vom Zweimann-Handwerksbetrieb zum Full-Service-Medienanbieter mit 45 Mitarbeitern aus.

Er nahm schon 2003 die ersten Anzeichen der immer drastischeren Entwicklung des ungleichen Wettbewerbs mit Internet und Filialisten wahr, mit riesigen Etats auf der einen Seite (Motto: „Geiz ist geil") und kleinen Handwerkern und Händlern mit kleinen Etats und fehlender Professionalität in der Kommunikation auf der anderen Seite.

Von diesem Zeitpunkt an verfestigte sich bei ihm ein Wunsch: „Ich will etwas Entscheidendes dazu beitragen, dass kleine Unternehmer sowie auch deren mittelständische Herstellermarken in Deutschland erhalten bleiben." Sein gesamtes persönliches und unternehmerisches Denken und Handeln wird seitdem von dieser Vision geleitet.

Jürgen Ruckdeschel ist ein gefragter Experte für lokales kooperatives Marketing. Er berät Markenhersteller und Verbundgruppen, wie sie ihre Mitglieder und Vertriebspartner bestmöglich in der lokalen Vermarktung unterstützen können. Außerdem entwickelt er mit den Experten der Local Branding Expert Group neue Methoden und Werkzeuge zur effizienten und nachhaltigen Unterstützung der lokalen Betriebe. Die Local Branding Expert Group steuert ein Netzwerk von Coaches, welche den lokalen Unternehmer in seiner Entwicklung zur lokalen Marke unterstützen. Mit diesem Buch will er gemeinsam mit seinen Mitautoren Vermittlern zeigen, wie sie ihre eigenen Stärken entdecken und damit den Weg zu mehr persönlicher Freiheit und wirtschaftlichem Erfolg einschlagen können.

HANS-GERD COENEN
GHV DARMSTADT

Hans-Gerd Coenen wurden die Themen Unternehmertum, Nachhaltigkeit und lokale Verantwortung quasi in die Wiege gelegt. Wie man die Themen lebt, Entscheidungen trifft und verantwortungsvoll wie auch nachhaltig handelt, lernte er bereits früh auf dem elterlichen Bauernhof. Als Stadt- und Ortschaftsrat beschäftigt er sich mit Stadtentwicklung, Infrastruktur und regionaler Wirtschaftspolitik. Nach einer praktischen landwirtschaftlichen Ausbildung erlernte er den Beruf des Versicherungskaufmanns und war vor der Bundeswehr als Schadensregulierer tätig. Es folgten das Wirtschaftsstudium mit Schwerpunkt Consulting, Bank- und Versicherungslehre, ein Masterstudium der internationalen Finanzwirtschaft mit Marketing und ein Magister der Verwaltungswissenschaften.

Hans-Gerd Coenen verfügt über mehr als 30 Jahre Erfahrung im aktiven Verkauf und ist seit über 20 Jahren in der Vertriebsführung und im Management tätig: Ausschließlichkeitsorganisation (angestellter Außendienst, Handelsvertreter, Geschäftsstellen und Direktionen), Bankenvertrieb, Makler und Mehrfachvermittler, Direktvertrieb (online/offline), Pools und Vertriebsgesellschaften, mit allen Facetten des Versicherungsvertriebes ist er bestens vertraut.

Bei einem Regionalversicherer hat er den gesamten Vertriebsbereich neu aufgebaut, alle Vertriebswege eingeführt bzw. etabliert und strategisch nach der Omnikanal-Strategie ausgerichtet. Gemäß dem Grundsatz „nicht globalisieren, sondern regionalisieren", wurden dezentrale Kundencenter geschaffen und selbständige Geschäftsstellen eröffnet. Nach der Local Branding Strategie wurden die Marke und das Image von Vermittler und Versicherer gleichermaßen gestärkt.

Heute berät Hans-Gerd Coenen die Local Branding Expert Group in strategischen Themen zum Geschäftsfeld Versicherungen und Finanzdienstleistungen und ist ein gefragter Experte für Vertriebsmanagement, Verkauf und lokales Marketing. Seit Januar 2018 ist er Vorstandsvorsitzender bei einem Versicherer in Darmstadt.

SCHLUSSWORT

Ein Buch zu schreiben, ist eine besondere Herausforderung. Vor allem dann, wenn man damit etwas in den Köpfen der Leser verändern möchte. Ohne die Unterstützung aller Beteiligten wäre dieses Handbuch nicht entstanden.

DESHALB MÖCHTEN WIR UNS PERSÖNLICH BEDANKEN:

Bei den Versicherungsvermittlern, die sich in diesem Buch vorstellen und trotz vollen Terminkalendern bei unseren Wochenend-Fotoshootings und Video-Interviews alles gegeben haben. Bei Yannis Koschel, der die eindrucksvollen Fotos gemacht und jeden der Vermittler perfekt in Szene gesetzt hat. Bei Jennifer Kaas und Julia Mahle, die sich viel Mühe beim Korrekturlesen gegeben hat. Bei Stella Kaas, die in mehreren Nachtschichten das visuelle Konzept und das Design entwickelt hat, sämtliche Korrekturschleifen der Autoren eingearbeitet und schließlich die finale Druckdatei erstellt hat.

Bei Christine Wicht, unserer Coaching Expertin, die das lokale Markencoaching mitentwickelt hat.

Bei Nina und Hans Kreutzfeldt für die inspirierende Zusammenarbeit und das perfekte Lektorat.

Bei Hans-Ulrich Buß und Michael Heinz für ihre motivierenden Vorwörter, bei Peter Pietsch für seinen Beitrag zu den Tugenden des Versicherungskaufmanns und bei Jürgen Breitinger für seine Nachbetrachtung.

Und ganz besonderen Dank an die beiden Vierbeiner – Cuki und Dash – ohne die unser Fotoshooting nur halb so viel Spaß gemacht hätte.

Jürgen Ruckdeschel, Hans-Gerd Coenen
& Peggy Kaas

NOTIZEN

NOTIZEN